今から
三十数年前の
一九八〇年代に
私（ユズ）は
生まれました
父が務める会社の
社宅に住み
父と母との
三人家族
どこにでもある
ごく普通の
家族構成の中で
育ちました
毒親《どくおや》絶縁《ぜつえん》日記《にっき》
北瀬ユズ

毒親絶縁日記

目次

登 場 人 物

ユズ

この物語の主人公。
お母さんの顔色を伺い、
いつも良い子でいようとする。

お母さん

ユズの母親。
家庭外だと外面がいいが、
家では感情の起伏が激しい。

お父さん

ユズの父親。
常にお母さんの味方だが、
基本的に他人に無関心。

おばあちゃん

母方の祖母。
気性が荒い。

おばあちゃん

父方の祖母。
ユズにとても優しい。

Diary to
break off from

**TOXIC
PARENTS**

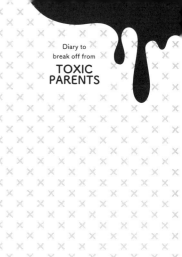

第 1 章

［幼少期～小学生編］

母（30代）はとても感情の起伏が激しい人
楽しそうに笑っていると思ったらいきなり怒鳴りだすなんてこともしょっちゅうで
その為か私は物心がついた頃から
母の機嫌を損ねたり怒りスイッチを踏んだりしないように
※脳内イメージ
常に母の顔色をうかがう子どもだった
だが今でも記憶に残っているのは二歳半の冬のある日
原因は覚えていないが母を激怒させてしまった
ごめんなさいごめんなさい
うるさい!!
何度謝っても許してもらえず

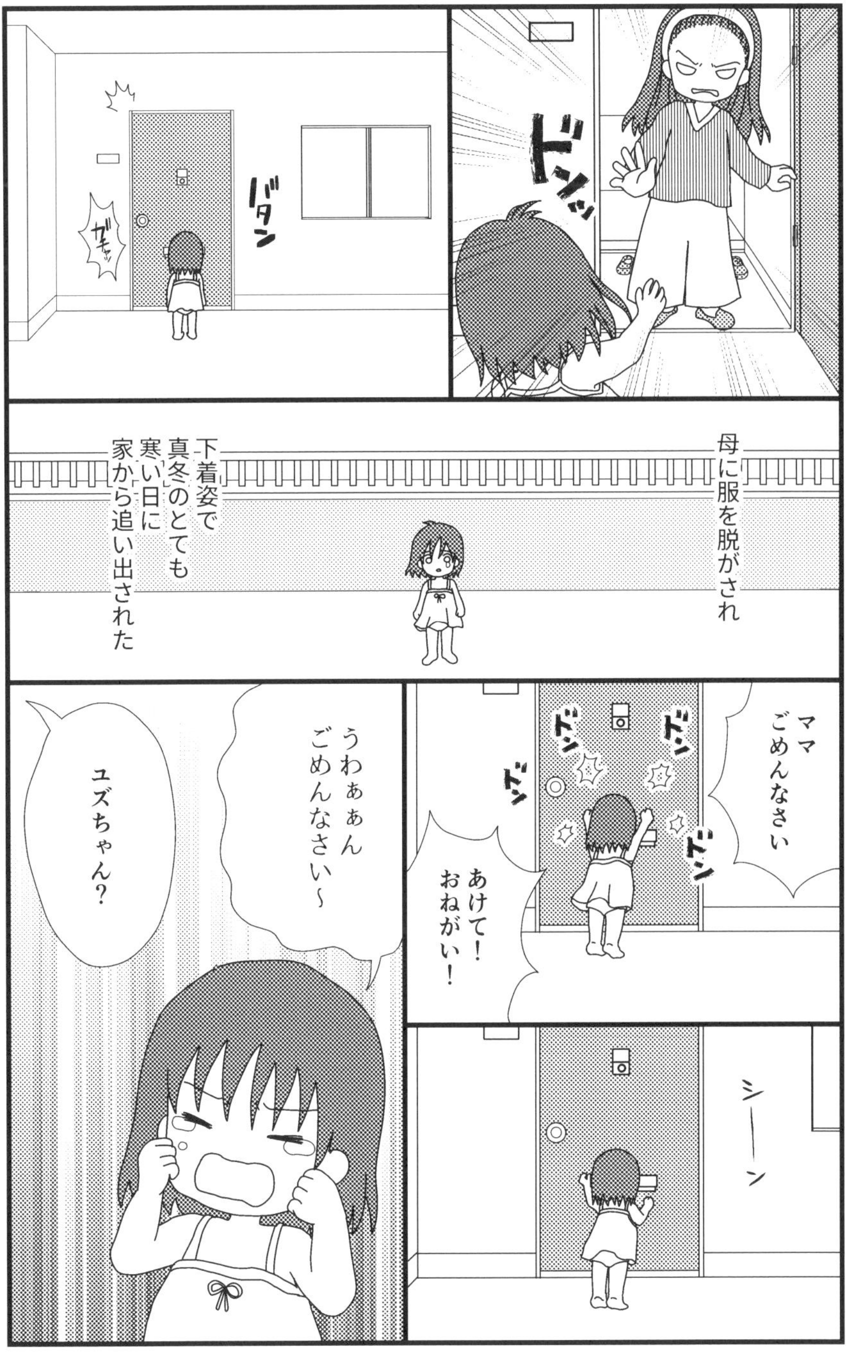
ドンッッ
バタン
ガチャ
母に服を脱がされ
下着姿で
真冬のとても
寒い日に
家から追い出された
ママ
ごめんなさい
ドン
ドン
ドン
ドン
あけて!
おねがい!
シーーン
うわぁぁん
ごめんなさい〜
ユズちゃん?

どうしたの？
大丈夫？
帰宅してきた
同じ階に住む人が
チャイムを鳴らし
母に
呼びかけてくれて
家に入ることが
できた
良かったと
安心した
次の瞬間
バシッ
あんなに外で
ギャアギャア
泣いて
ドアを叩いて！
あんたのせいで
恥かいたわ！
近所に合わせる
顔がない！
どうしてくれるの!?
母は更に
激昂

ご
ごめんなさい……
そして一切口を挟まず我関せずな父
これが私の日常風景だった
また
朝起きると母がいないこともよくあった
お腹が空いて家中を探し回っても
何も食べるものがない
お昼過ぎに仕事から帰宅した父に食事を用意してもらうが
家事を全くできない父が用意してくれた料理はとても独創的だった
何故か湯切りされたラーメン

そして
私はあまり
身体が丈夫ではなく
よく体調を崩す
子どもだった
発熱
腹痛
頭痛
嘔吐
胃痛
しばらく
頻尿が続き
血尿が
出てしまった
時は
真っ赤
げっ……
「股が汚いからだ」と
浴室で局部を
タワシで洗われた
いたいぃぃ～
痛くない!!
ゴシゴシ
ジャ
そして
酷い便秘が原因で
救急病院へ
行った時もあったが
○○病院
私が体調を
崩すと必ず
後日母が
面白可笑しく
吹聴して回っていた
も～
昨日この子
糞づまりで
さぁ～!
ゲラゲラ
大変だったね～
ひどい糞づまりで
本当に大変で～
え～そうだったんだ～
糞づまりで
救急に行って～
大丈夫?

自分にとって恥ずかしいことを言いふらされるのが耐えられなくなり
母にこれ以上周りの人に言わないでとお願いしたが
全く聞き入れてもらえなかった
はぁ!? 本当のことを言って何が悪いの!?
せっかく病院に連れて行ってやったのに!
じゃあもうこれから具合悪くなっても病院に連れて行ってやらないから!
このように自分の意見が通ることは少なかったけれど
私は両親が大好きだったし
一人娘という境遇を羨ましがられることも多かったので
ユズちゃんはひとりっこでいいなぁ~
パパとママひとりじめだね!
何の疑問もなく自分は両親に愛されているのだと思っていた

小学校入学と同時に社宅から別学区のマンションに引っ越しをし母方祖母との同居が始まった
その為同じ保育園だった子はほとんどおらず
人見知りがちな私はなかなかクラスに馴染めなかった
友達と遊ぶという宿題が出た時も
同じ班の子と外で一緒に遊んでみよう!
外で遊ぶなんて宿題があるはずないでしょ!?
班の子って誰よ!?
○○君と☆☆君と□□ちゃん
でも班の子と約束もしたし……
そんな名前初めて聞いたわ!
全く信じてもらえず放課後の外出は許可されなかった
嘘ついてまで外に遊びに行く気?
どうせ勉強したくないんでしょ
嘘じゃないよ……
約束破ることになっちゃった……
その為帰宅後は学校の宿題と母が用意した問題集で勉強をする

別にあんたにいじわるしたいから遊びに行かせないわけじゃないのよ？
あんたの為を思って言ってるの
私がろくに学校も行けずに苦労したから
あんたはしっかり勉強をしていい学校に行って欲しいのよ
自分《わたし》の為、と言われたら反抗する理由もない
うん 分かった！
外で遊ぶことが少ないので
自然と家の中で出来る趣味が増え
特に絵を描くことが好きになり
あと□□ちゃんと関わるのはやめておきなさい
○○君の家も噂では……
友達に対する母の偏見も自分を心配してのことだと思っていた
当時好きだった漫画の扉絵を模写した時は
すごい上手じゃない！あんた将来漫画家になれるんじゃない？
ユズちゃんは絵が上手ねぇ～
母と祖母が珍しく褒めてくれた

褒められたことが嬉しくて嬉しくて
その日から私の将来の夢は漫画家になり
勉強を終えた後自由帳にオリジナル漫画を描くことが一番の楽しみになった
しかし後日その自由帳が母に見つかった
何これ！ こんなに漫画ばっかり描いて！
あんた全然勉強してないんじゃないの!?
ごめんなさい
でもちゃんと勉強はしてるし
バシッ
私将来漫画家になりたくて……
何をふざけたこと言ってるの？

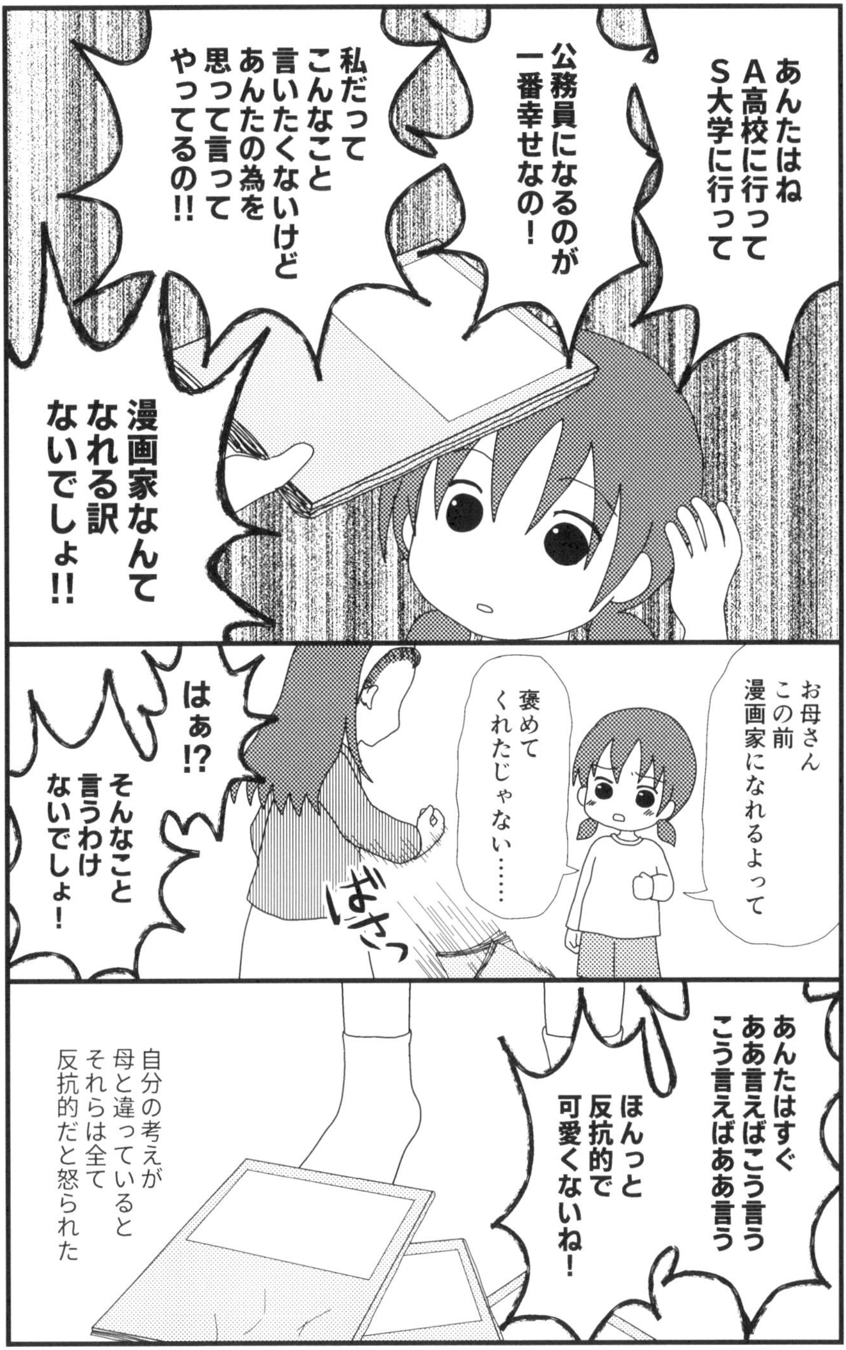

あんたはね
A高校に行って
S大学に行って
公務員になるのが
一番幸せなの！
私だって
こんなこと
言いたくないけど
あんたの為を
思って言って
やってるの!!
漫画家なんて
なれる訳
ないでしょ!!
お母さん
この前
漫画家になれるよって
褒めて
くれたじゃない……
はぁ!?
そんなこと
言うわけ
ないでしょ！
ばさっ
あんたはすぐ
ああ言えばこう言う
こう言えばああ言う
ほんっと
反抗的で
可愛くないね！
自分の考えが
母と違っていると
それらは全て
反抗的だと怒られた

そして
私の進路に対し
更に母が固執
するようになった
きっかけがある
RRRR…
はい
もしもし
……え!?
分かった
いいよ
じゃあね
誰からだ?
あ~……
カリンだった
カリン?
って誰?
あんたの
姉ちゃん
近いうち
ここに来るみたい
あ……
姉……!?
凄く驚きは
したけれど
私はずっと
兄弟というものに
憧れていたので
姉がいると知って
嬉しかった
数日後
姉が家へ
やってきた
こんにちはー!

ヤ…ヤンキーの人だ……!
おじゃまします
最初は派手な容姿に衝撃を受けたものの
姉はとても気さくに接してくれてすぐに打ち解けることができた
レタリングを教えてくれたり
あみもののおもちゃであそんでくれたり
高校を辞めてバイトを始めた姉と一緒に暮らすようになり
何もかもが新鮮で楽しい日々を数か月過ごしたが
ある日突然姉が家出をした
残されたアドレス帳から姉が友人宅にいることがわかり
?
父と母が迎えに行ったものの
姉は帰ってこなかった
おかえりなさい
原因は
母の過干渉だった

「お母さんは束縛ばかり！」
「あの家にいると息が詰まる！」
アイツはまた私を裏切ったのよ！
カリンの父親と別れる時も「お母さんは嫌」って言って私を捨てて父親を選んだくせに
何で私が二回もアイツに捨てられなきゃいけないの⁉
ふぅ
……ねぇ
あんたは私を捨てないよね？
あんたはアイツみたいにならないように
いい高校に行っていい大学に行って安定した職業に就いて私を安心させてよ？
私はお母さんを捨てたりしないよ！
それからも事あるごとに母は姉を「悪い子ども」の代表格のように罵《のの》り
私にはそうならないようにと繰り返した
「こんなことしてたら姉ちゃんみたいになるよ」
「そんな姉ちゃんみたいなことを言う子に育てた覚えはない！」
私はまだ色々なことを知らない子どもだったので
ただ母を安心させたい一心で母の望む「良い子」でいようと思った

学校でのいじめがきっかけで吃音《きつおん》が出た時に全く理解してもらえなかったり
お、お、お、お母さん……
あ〜もう！あんたと会話してるとイライラする！
ちゃんとしゃべりなさい！
何らかで母と意見が食い違うと
徹底的に無視されて母の機嫌が直るまで食事が出てこなかったり
母の態度に疑問を感じることがあっても
母が喜ぶような言動をすることが自分の全てだった
ユズちゃんの将来の夢は？
A高校に行ってS大学に行って公務員になってお婿さんをもらって二世帯住宅で両親と一緒に暮らすことです
わ〜親孝行ね！
そんなことないよ〜本人の意思を尊重してるだけよ〜

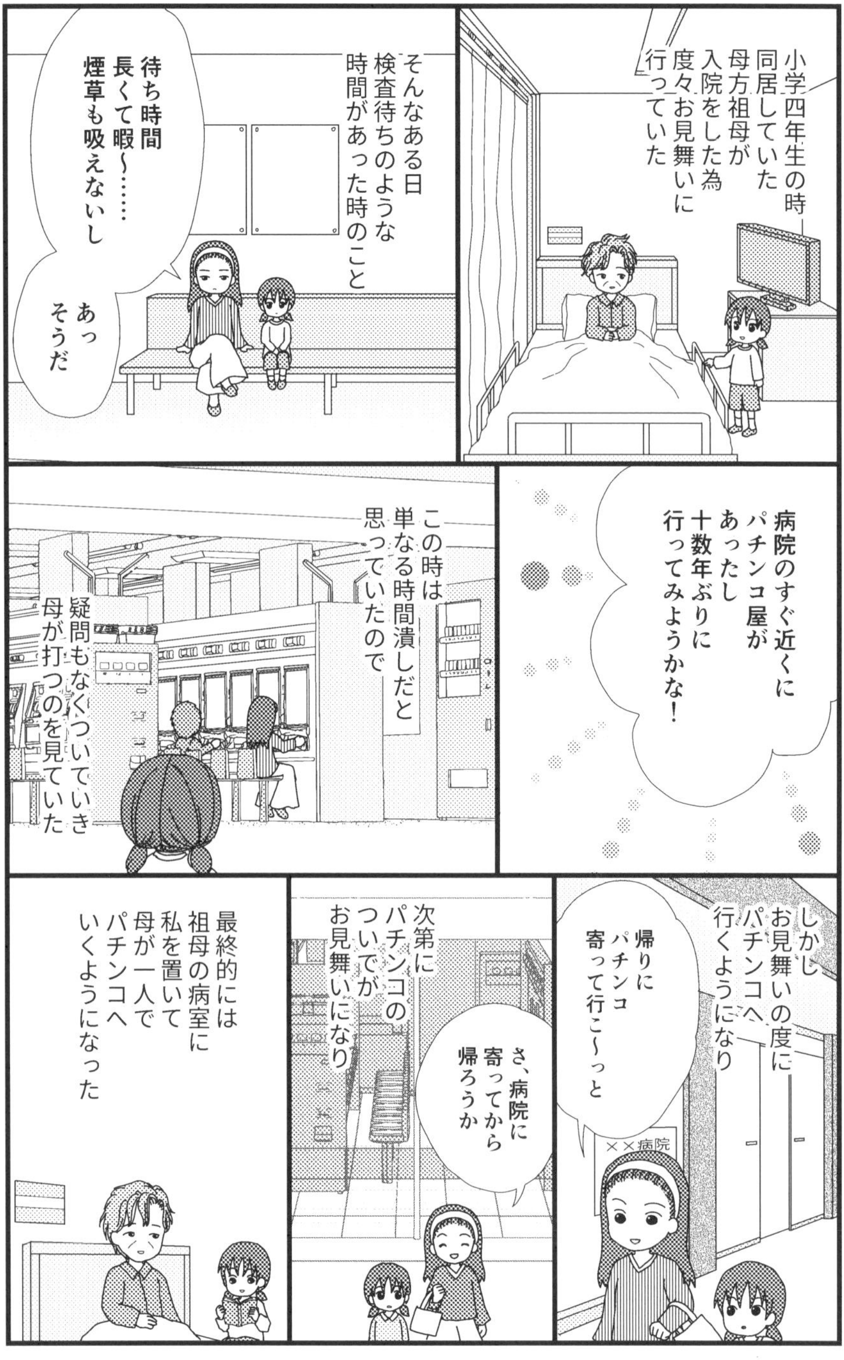
小学四年生の時 同居していた 母方祖母が 入院をした為 度々お見舞いに 行っていた
そんなある日 検査待ちのような 時間があった時のこと
待ち時間 長くて暇〜…… 煙草も吸えないし
あっ そうだ
病院のすぐ近くに パチンコ屋が あったし 十数年ぶりに 行ってみようかな！
この時は 単なる時間潰しだと 思っていたので
疑問もなくついていき 母が打つのを見ていた
しかし お見舞いの度に パチンコへ 行くようになり
帰りに パチンコ 寄って行こ〜っと
××病院
次第に パチンコの ついでが お見舞いになり
さ、病院に 寄ってから 帰ろうか
最終的には 祖母の病室に 私を置いて 母が一人で パチンコへ いくようになった

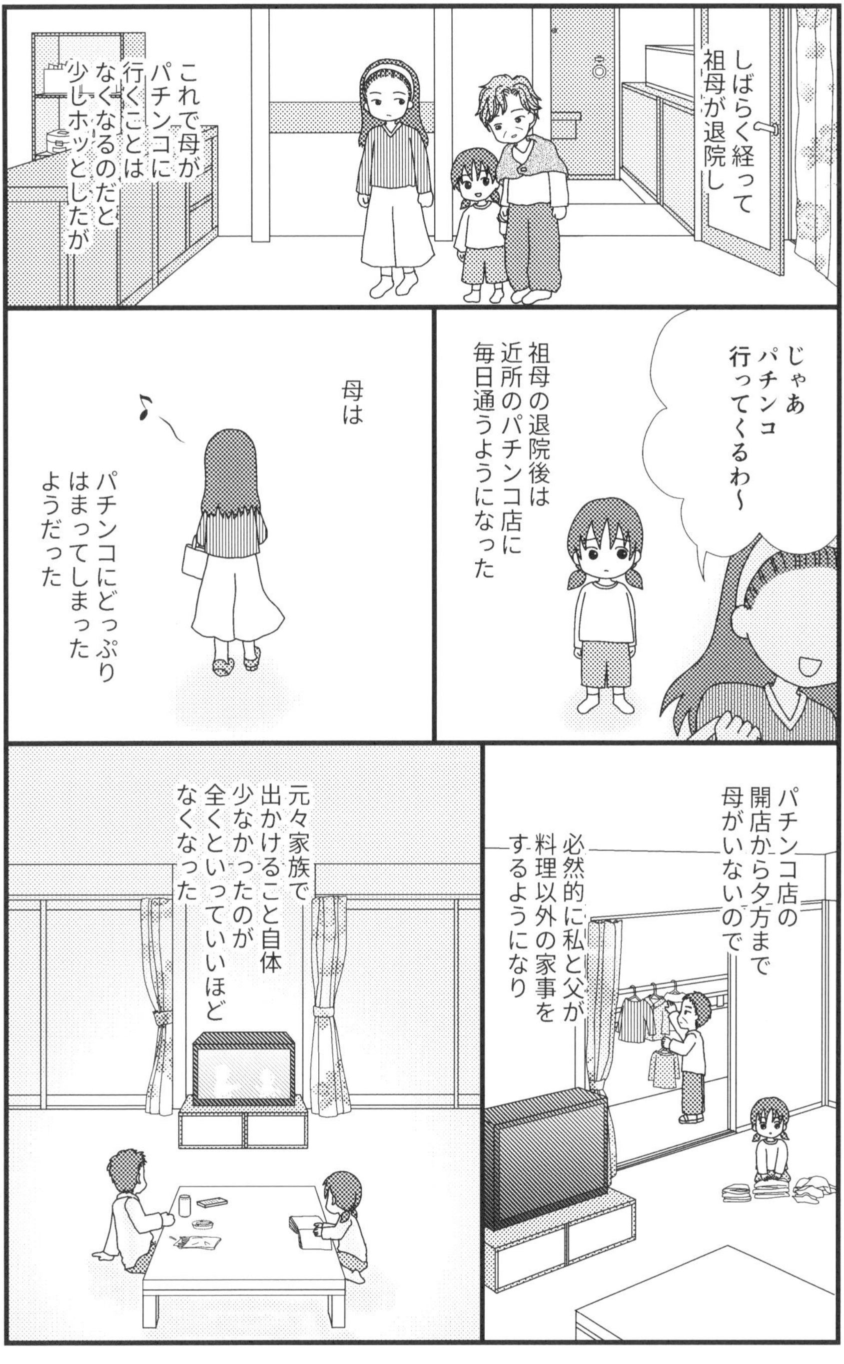
しばらく経って
祖母が退院し
これで母が
パチンコに
行くことは
なくなるのだと
少しホッとしたが
じゃあ
パチンコ
行ってくるわ〜
祖母の退院後は
近所のパチンコ店に
毎日通うようになった
母は
パチンコにどっぷり
はまってしまった
ようだった
パチンコ店の
開店から夕方まで
母がいないので
必然的に私と父が
料理以外の家事を
するようになり
元々家族で
出かけること自体
少なかったのが
全くといっていいほど
なくなった

ゴールデンウィークかぁ
旅行は無理でもたまにはどこかに出かけたいな……
ねぇお母さん!
もうすぐゴールデンウィークだし私もどこかに行きたいんだけど……
はぁ? 何で私がどっか連れて行かなきゃいけないの?
う、うん友だちとかも家族でお出かけしてるからいいなぁって……
よそはよそ! うちはうち! 連休なんてどこも混むから家にいるのが一番なの!
でもお母さんは毎日パチンコに行ってる……
チッ
あ〜〜!! もうっ!!
ああ言えばこう言うこう言えばああ言うで
しまった……
口ごたえばっかり!
大体ねぇ!
ガシ
ガシ
ガシ

あんたに
私の自由時間を束縛する権利なんてないの!!
ガシ
ガシ
ガシ
あーもう!あんたのせいでイライラする!
開店時間に間に合わないからどいて!
どんっ
バンッ
権利って何……?
家族でお出かけできるよその子はその権利を持ってるのに
何で私にはないんだろう?
テレビでは楽しそうに遠出する家族が映っていて
自分とは違う世界の話のように思えた
どちらに行かれるんですかー?
○○ランドに行きます!家族全員この日を楽しみにしてたのでいっぱい遊んできます
他のおうちのお父さんお母さんは
家族でお出かけするの楽しみなんだ

もっとお母さんが喜ぶようないい子になれば
他のおうちみたいに一緒に楽しくいられるようになるのかな
当時の私が導き出した答えは「もっといい子になる」だった
母が高熱で寝込めば一生懸命看病をした
お母さん私もそろそろ寝るけど何かあったらすぐ呼んでね
うーん
……
……ねぇ
ねぇってば！
気づくの遅くなってごめんね！どうしたの？
何回呼んだと思ってんの？
汗かいたから替えの肌着持ってきてよ！
分かった！ちょっと待っててね
早くしてよ！ベタベタして気持ち悪いんだから

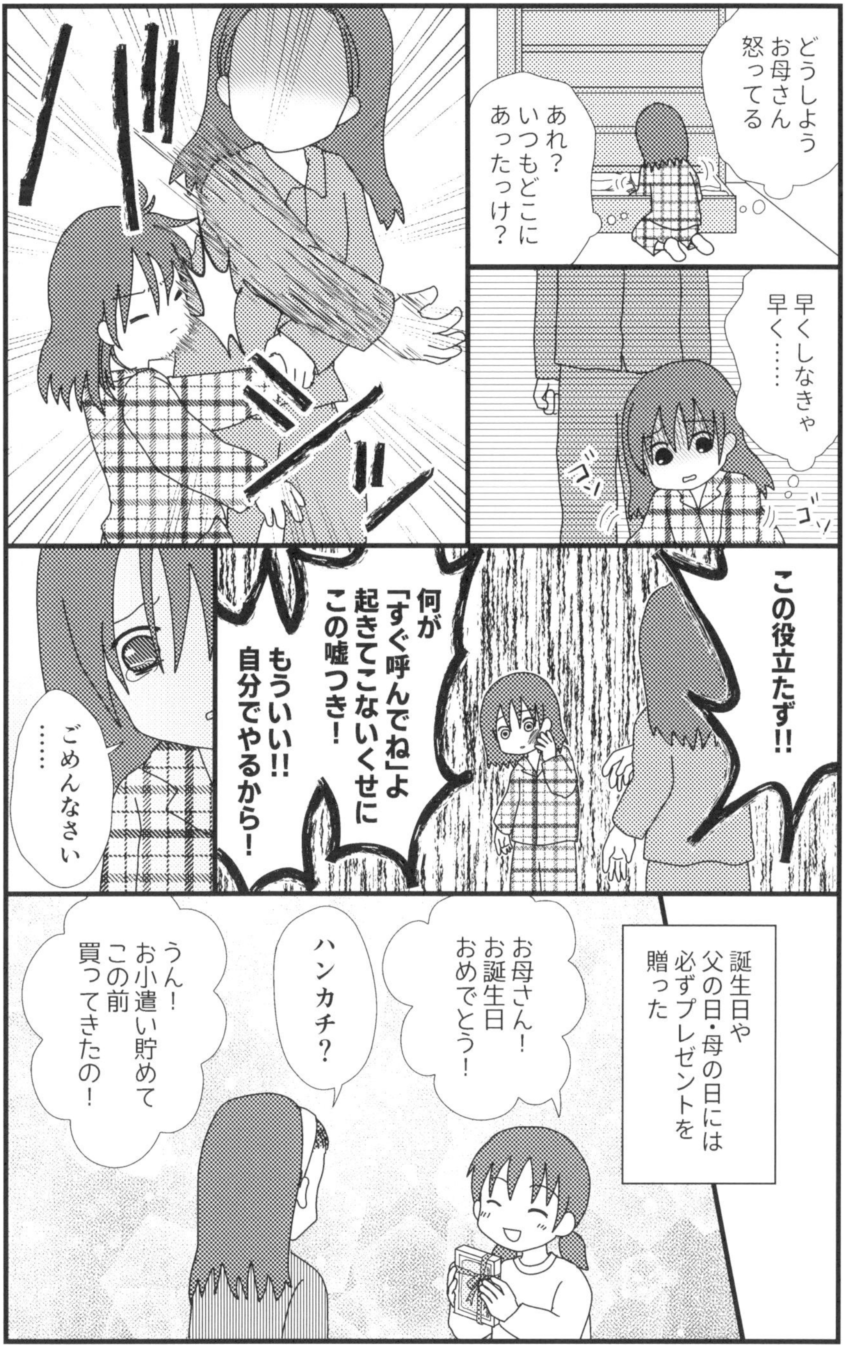
どうしよう
お母さん
怒ってる
あれ？
いつもどこに
あったっけ？
早くしなきゃ
早く……
この役立たず!!
何が
「すぐ呼んでね」よ
起きてこないくせに
この嘘つき！
もういい!!
自分でやるから！
……
ごめんなさい
誕生日や
父の日・母の日には
必ずプレゼントを
贈った
お母さん！
お誕生日
おめでとう！
ハンカチ？
うん！
お小遣い貯めて
この前
買ってきたの！

ああ ちょうどいいわ 知り合いに この前世話に なったから
私ハンカチとか いらないし これあげよっと
え
あ、うん……
出来れば お母さんに使って 欲しかったな……
あ！でも もうすぐ 結婚記念日だし
手作り料理とか 用意したら 喜んでくれるかな？
元々 料理に興味が あったため
小学六年生の時は 両親の 結婚記念日に サプライズで 夕食を作った
わぁ！
ハンバーグと ポテトサラダ？ あんたが 作ったの？ すごいじゃない!!
一人で出来た 達成感と
母が喜んで くれたという 満足感で
その日はとても 幸せで楽しい 夕食だった

ごちそうさまでした！お父さんはご飯よそう？
俺は酒があるからまだいらない
はーい
父はいつもお酒を飲みつつおかずを食べてその後にご飯という流れだったので
みんなが食べ終わる頃に食べ始める感じだった
喜んでくれてよかった
次は何を作ろうかな～
けれど父が食べ終えた頃
喉乾いちゃった
お茶飲もう
台所に行った時に
父の分のおかずが一口も食べられないまま
ゴミ箱に捨てられているのを見つけた
お父さん！
どうしておかず全部捨ててるの？
食べられないなら残してくれたらいいのに！
勿体ないよ！
……俺はお母さんが作った以外の手料理は

汚いから食わない
お父さんが他の人の手料理が苦手なのは知ってたけど
娘の私も
「汚い」って思われてたんだ……
こんな風に
良い子でいようと努力しても報われないことのほうが多かった
それでも反抗期もなく「良い子」を続けたのは
そうするしかこの家で生きていく術がないと分かっていたからだ

親が満足する
「良い子」でなければ
嫌われると思った
この頃の私は
「良い子」であれば
愛情がもらえると
信じて疑っていなかった

第2章

[中学生編]

十二歳、春
中学校に入学する
少し前
母は一層
教育熱心になり
高額な教材セットを
訪問販売で購入
あんたも
いい高校に
行く為に
いっぱい勉強
したいでしょ？
あんたの為に
高い金を
払うんだからね？
期待を裏切ったら
許さないからね？
圧力
¥600,000
後日
山のような
教材が家に届いた
ここまで
してやる親は
なかなか
いないよ！
感謝しなさい！
どーん
お母さん
学校からの
プリントだよ
しかし
入学後
何？
副教材購入の
お願い……？
授業で
使う
みたい……
はぁ？
何でこんなの
買わなきゃ
いけないの？
授業なら
教科書使えば
いいじゃない！
高い金出して
教材セット買ったのに
無駄ってこと!?
納得いかない！
学校に文句
言ってやる!!
入学早々
学校にクレームを
入れ大ごとに

一年A組の○○ですが！
担任の先生を……
あぁあ……
先生たちはとても丁寧に対応して下さり
母も最終的には副教材購入を了承してくれたが
あんたこれで成績が悪かったら絶対許さないからね!?
母からのプレッシャーは増すばかり
その後も事あるごとに「退学させる」と
学校へ電話をかけようとするようになっていった
はぁ？部活？あんたに出来る訳ないでしょ！
そんなに勉強したくないなら学校に電話して退学にしてもらう！
やめてー
90点も取れないなんて学校に行く意味あるの？学校に電話して退学させるって言ってやる！
謝ったら電話するのやめてやるから早く謝ればー？
……ごめんなさい
勉強や部活だけでなく学校行事や交友関係などにも干渉してきては
母の思い通りにならないとすぐ「退学」と言われるので
何だか疲れるなぁ……
ふぅ…
中学生になってからは常に窮屈さを感じていた

母方の祖母とはマンションへの引っ越しを機に同居していたが
父方の祖母は近所で一人暮らしをしていた
過去に色々と軋轢があったようで母とはいい関係ではなかったけれど
昔は同居してたけどお金を全部管理されて本当にあの人には泣かされたわ！
他にも……
あと……
私が見た限りでは気性の荒めな母方祖母とは反対に
髪型似合ってないね かわいくない
私が若い頃は…
腹痛？ 仮病でしょ？
父方祖母は穏やかな性格で
これ食べるかね？
うん ありがとう
訪ねた時には温かく迎え入れてくれる優しい人だった
そんな父方祖母が私が中学二年生の時に末期がんと診断され入院することになり
長男の嫁ということで母が毎日祖母の世話に病院へ通うようになった
お父さんの弟妹は全然見舞いにもこないのよ！
そうなんだ……
ねぇ……

そして
同居していた
母方祖母に
認知症の症状が
表れ始めたのも
この頃だった
私の財布が
無いの……
きっと
盗まれたん
だわ……
あぁ
おばあちゃん……
またそんな事
言って!
この前も
そう言ってて
部屋の中に
あったじゃない!
次第に
症状は重くなり
二人の祖母への
ストレスを
抱えた母は
常にイライラ
している状態
だった
祖母は何度も
徘徊を繰り返しては
警察に保護され
うちの母が⁉
今からすぐ
行きます!
母が迎えに
行って帰宅した
ある日のこと
おかえり!
心配したよ
アンちゃん
来てたの?
久しぶりね
ユズだよ
おばあちゃん
アンちゃん
何歳に
なったの?
※アンちゃん…私の従姉妹

……
あら？
ここはどこ？私の家に帰してちょうだい！
大丈夫だよ！ここが家だよ！
違う！ここじゃない！
わあああっ
……いい加減に
しろって言ってんのよ!!
ド

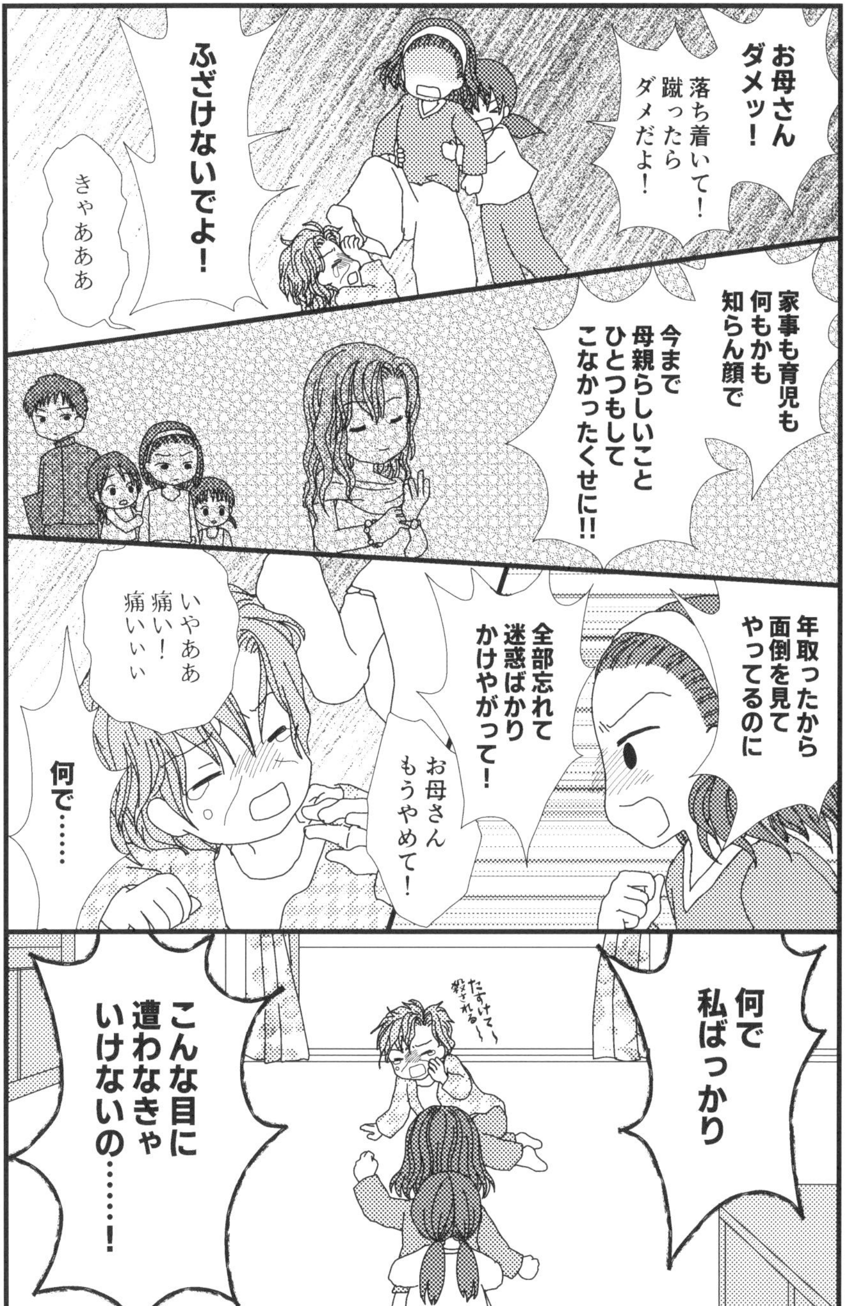
お母さん
ダメッ！
落ち着いて！
蹴ったら
ダメだよ！
ふざけないでよ！
きゃあああ
家事も育児も
何もかも
知らん顔で
今まで
母親らしいこと
ひとつもして
こなかったくせに!!
年取ったから
面倒を見て
やってるのに
全部忘れて
迷惑ばかり
かけやがって！
お母さん
もうやめて！
いやああ
痛い！
痛いいいい
何で……
何で
私ばっかり
たすけて〜
殺される〜
こんな目に
遭わなきゃ
いけないの……！

話が通じなくておばあちゃんにイライラするのは分かるよ！私もそうだもん
でも怖いとか痛いとかおばあちゃんも分かるから暴力はやめよう？
〜〜〜っ！
……
うん……
母はもう限界だった
あれから私の兄妹と話し合ってきて
ばあちゃんの老人ホームを探すことになったから……
そっか少しは楽になるといいね
まぁね……
あら？
母方祖母の先行きが見えて母は少し落ち着いたように見えたが
私は遊びに行ってる訳じゃないんだから協力しなさいよ！
家事が全然出来てないじゃない！
私も今学校から帰ったばかりで……ごめん
まだまだ精神的に不安定で理不尽に怒鳴られることも多かった
私がやってないからって当てつけ？
この前家事をやっておいたら
……って怒るしどうすればいいんだろう

ガタンッ
お母さん！どうしたの⁉
お父さん救急車呼んで！
息が……苦しい
ダメかも……
お父さん後のこと頼むね……
そんなこと言わないで！すぐ救急車がくるからね！
直前まで大声を出していたとは思えないほどに母は弱々しく
救急車が到着してすぐに搬送された
お母さん無理をしすぎてたんだ……もっと家の事を手伝わなきゃいけなかったのに私あまり出来てなかった

お母さんが死んじゃったらどうしよう……
どうせそこまで泣くほどじゃないだろ？大げさなんだよ
……え？
ご家族の方医師の説明がありますので中へどうぞ〜
俺は外で煙草吸ってくる
一緒に聞かないの⁉
どうしていつも大事な時になると逃げるんだろう……
はぁ…
お母さん！大丈夫？
うん……
過換気症候群ですね
過度に呼吸をしすぎることで酸素濃度が高まって息苦しさを感じる症状です

ストレスや
不安などが
原因で起こるので
リラックスして
息を吐くことを
意識しながら
呼吸して下さいね
原因は
ストレスや
不安……
お父さんは
頼れないし
私がもっと
ちゃんと
お母さんの
力にならなきゃ
この頃から
私は
「自分がしっかり
母を支えなければ」
と思うようになった
母の代わりに
料理を
するようになり
父の分は
惣菜を準備
母が心配しない
ように成績も
学年上位を維持
100
98
100
96
母の体調が
悪いときは
学校を休んで
介抱した

父は母の体調不良を理由に仕事を休んでいたが
一日中テレビを見て飲酒するだけ
何の為に休んでるんだろう……
そう言えばさ
この前私がばあちゃんを蹴った時
あんた一生懸命止めてくれたでしょう？
え？うん……
その時にねあんたは子どもだと思ってたけど
いつの間にか大人になってたんだな～って思ったのよね
お父さんはあんな感じで全然役に立たないし……
あんたがいてくれて良かったわ
母のこの言葉が

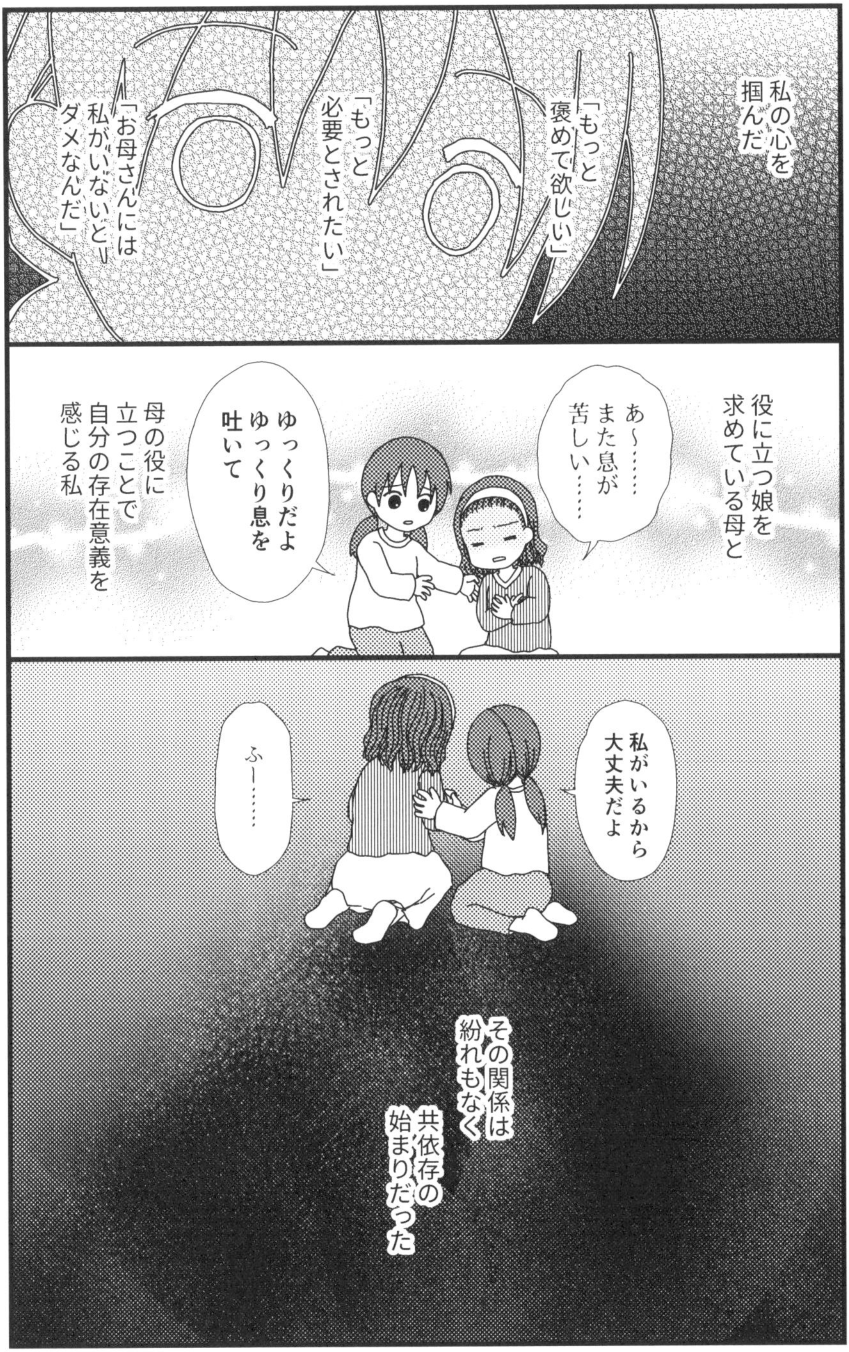
私の心を
掴んだ
「もっと
褒めて欲しい」
「もっと
必要とされたい」
「お母さんには
私がいないと
ダメなんだ」
役に立つ娘を
求めている母と
あ〜……
また息が
苦しい……
ゆっくりだよ
ゆっくり息を
吐いて
母の役に
立つことで
自分の存在意義を
感じる私
私がいるから
大丈夫だよ
ふー……
その関係は
紛れもなく
共依存の
始まりだった

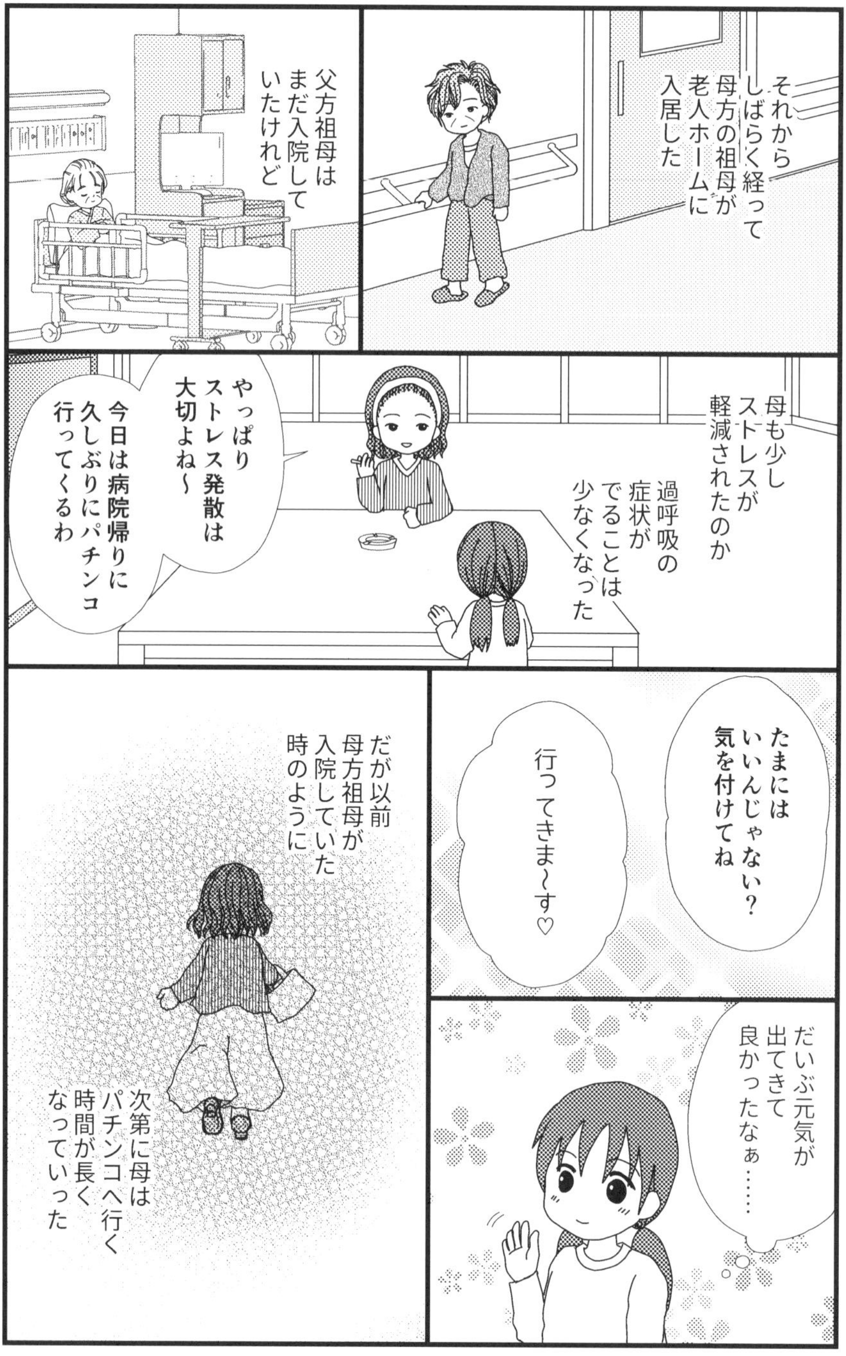
それから しばらく経って 母方の祖母が 老人ホームに 入居した
父方祖母は まだ入院して いたけれど
母も少し ストレスが 軽減されたのか
過呼吸の 症状が でることは 少なくなった
やっぱり ストレス発散は 大切よね〜
今日は病院帰りに 久しぶりにパチンコ 行ってくるわ
たまには いいんじゃない? 気を付けてね
行ってきま〜す♡
だいぶ元気が 出てきて 良かったなぁ……
だが以前 母方祖母が 入院していた 時のように
次第に母は パチンコへ行く 時間が長く なっていった

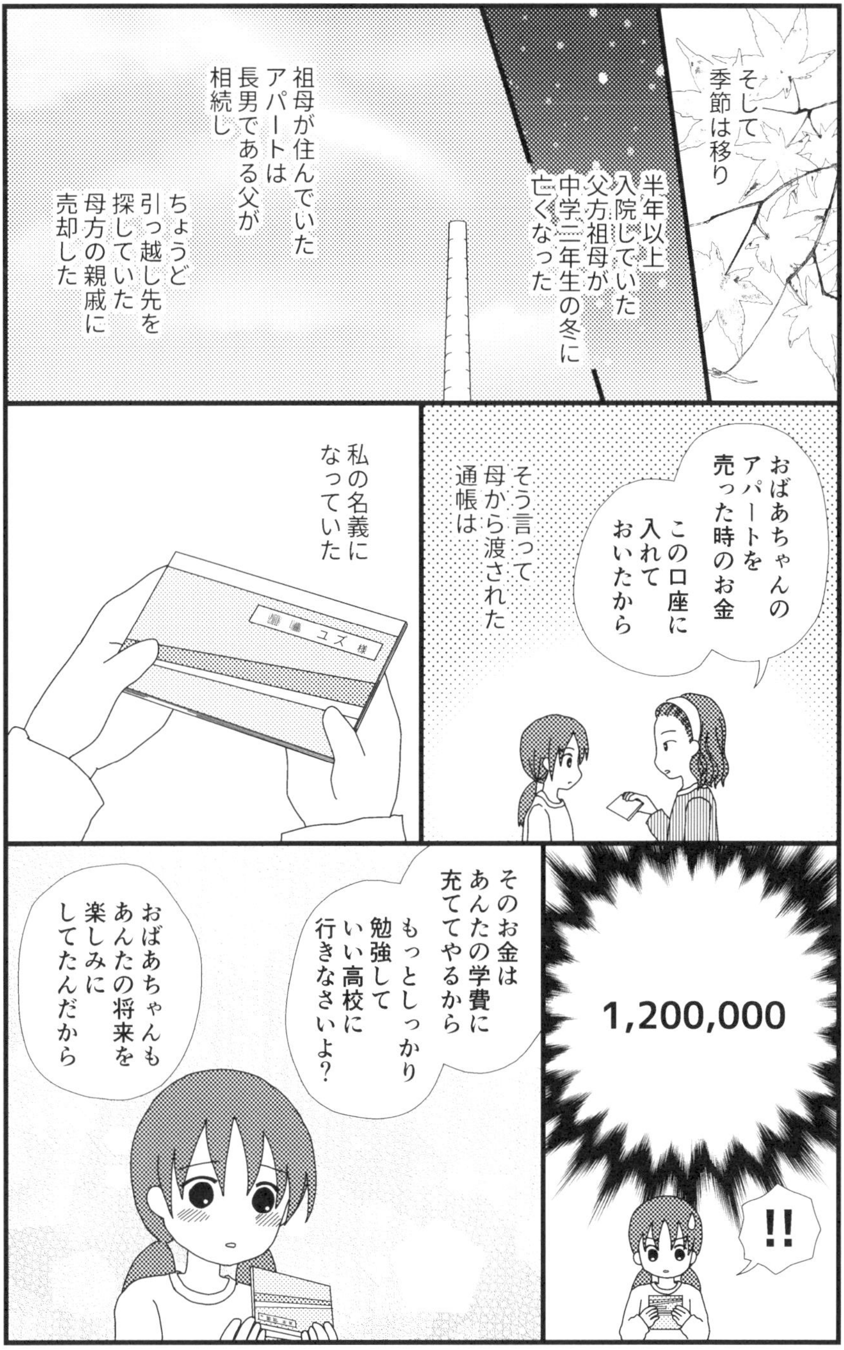
そして季節は移り
半年以上入院していた父方祖母が中学二年生の冬に亡くなった
祖母が住んでいたアパートは長男である父が相続し
ちょうど引っ越し先を探していた母方の親戚に売却した
おばあちゃんのアパートを売った時のお金
この口座に入れておいたから
そう言って母から渡された通帳は
私の名義になっていた
ユズ 様
1,200,000
!!
そのお金はあんたの学費に充ててやるから
もっとしっかり勉強していい高校に行きなさいよ?
おばあちゃんもあんたの将来を楽しみにしてたんだから

うん
ありがとう
私頑張るよ……
祖母の気持ちも学費に充てるという母の行動も純粋に嬉しく
ひたすら頑張ろうと心に決めた
じゃあ私はパチンコ行ってくるから
あ
いってらっしゃい……
おばあちゃんが亡くなってから毎日パチンコ行くようになってる
でも息抜きも必要なんだろうし難しいな
ガチャ
バタン
お父さん
お帰りなさい
お疲れ様
おう
お母さんはいないのか?
どさっ

パチンコ行ってるよ
チッ
また行ってるのか
あいつは全然自分の母親の面倒を見る気がないな
父は毎日仕事帰りに母方祖母の老人ホームへ立ち寄り
帰宅後は排泄物で汚れた衣類を洗濯していた
日中ずっと家にいない母は一度も洗濯したことがない
父が不満に思う気持ちは分かる気がした
そしてそんな不満を発散させるかのように飲酒量が増えて
BEER
私が学校から帰宅すると毎日のように泥酔していた
ぐおおお
ごおおお
お父さん飲みすぎだよ
身体壊しちゃうよ?
あぁ?
俺が稼いだ金で何しようと俺の勝手だろうが!
働いて金を稼いでるわけでもないくせに偉そうに!

両親はどちらもお互いには不満を言わず私に愚痴をこぼしていた
お互いに言いづらいこともあるだろうけど 夫婦なんだから話し合えばいいのに……
何で私だけどっちの母親の介護もしなくちゃいけないの！
あいつは全然家事をやらない！俺は働いているのに！
かといって家事を私がやるって言ったら
食器洗いを代わる？俺のやり方が気に食わないっていうのか！
……って機嫌損ねちゃったし
お母さんが帰ってきたら相談してみよう
最近お父さんが飲みすぎてて心配なんだ
私も頑張るからお母さんもお父さんを手伝うことって難しいかなぁ
何であんたにそんなこと言われなきゃいけないの？

お父さんが
飲みたいなら
飲ましておきゃ
いいでしょ!?
ばあちゃんの
洗濯物も
お父さんが
勝手にやってる
だけだし
大体何で
私だけ
両方の親の
世話しないと
いけないのよ
お父さんだって
自分の母親の世話は
何もしてないくせに!
そんなの不公平じゃない!
それに
子どものあんたには
分からないだろうけど
大人には色々な
ストレスがあって
大変なの!
それとも何?
私がまた
ストレス溜めて
過呼吸になっても
いいって訳?
!!
そういう
つもりじゃ……
RRR・・・
あ
電話
うまく
伝えられない……
何だか空回り
してる気がする
ガチャ
はい
もしもし…
え?
その電話は

母方祖母が老人ホーム内で転倒し亡くなったという電話だった
あまりにも突然だった為
気持ちの整理がつかないまま葬儀が終わった
約二か月という短期間の間に二人の祖母を亡くした私は
悲しい気持ちの他に
これで両親の負担が減って家の雰囲気が良くなるのではとどこかほっとしていた
こんなこと思うなんて
ごめんね
おばあちゃん……
しかし両親は生活が落ち着いても身体や家庭を顧みることはなく
更に酒やパチンコにはまり夫婦の溝は一層深まっていった

中学三年生になり
高校受験へ向けての
緊張感が増すなかで
悩みが二つあった
一つは
模試の判定が
芳《かんば》しくないこと
○○模試
国語 数学 理科 社会 英語
判定
第一志望 A高校(公立)
【C】 努力圏
第二志望 B高校(公立)
【B】 合格圏
第三志望 C高校(公立)
【A】 安全圏
そしてもう一つは
今月お金足りなくてさぁ～お金貸して♡
度々母からお金を貸してほしいと言われることだった
私もそんなに持ってないし……
少しでいいから！勝ったら返すから！ねっ♡
勝ったら……ってパチンコ行くの⁉
そんなある日友人に誘われて塾の無料体験に行くことになり
☆☆塾
無料体験授業
集中して学習できる環境や個別指導という点にとても魅力を感じた
一教科あたり約一万円……
三教科は無理でも一、二教科でいいから通いたいな
成績上げたいし相談してみよう…
おすすめカリキュラム
週3回 3教科 ¥32,000～
2教科
はぁ？塾ぅ？

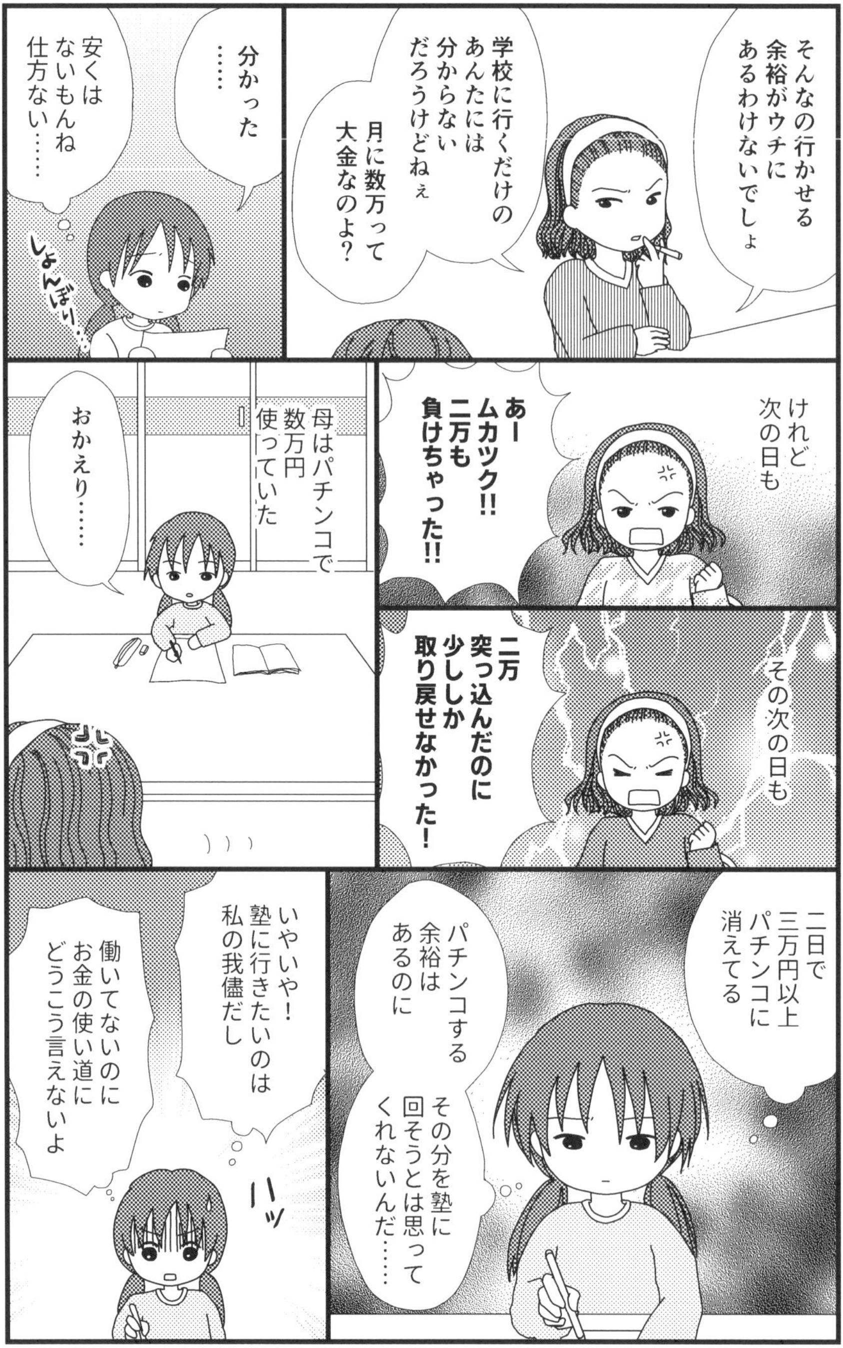
そんなの行かせる
余裕がウチに
あるわけないでしょ
学校に行くだけの
あんたには
分からない
だろうけどねぇ
月に数万って
大金なのよ？
分かった
……
安くは
ないもんね
仕方ない……
しょんぼり
けれど
次の日も
あー
ムカツク!!
二万も
負けちゃった!!
母はパチンコで
数万円
使っていた
おかえり……
その次の日も
二万
突っ込んだのに
少ししか
取り戻せなかった！
二日で
三万円以上
パチンコに
消えてる
パチンコする
余裕は
あるのに
その分を塾に
回そうとは思って
くれないんだ……
いやいや！
塾に行きたいのは
私の我儘だし
働いてないのに
お金の使い道に
どうこう言えないよ
ハッ

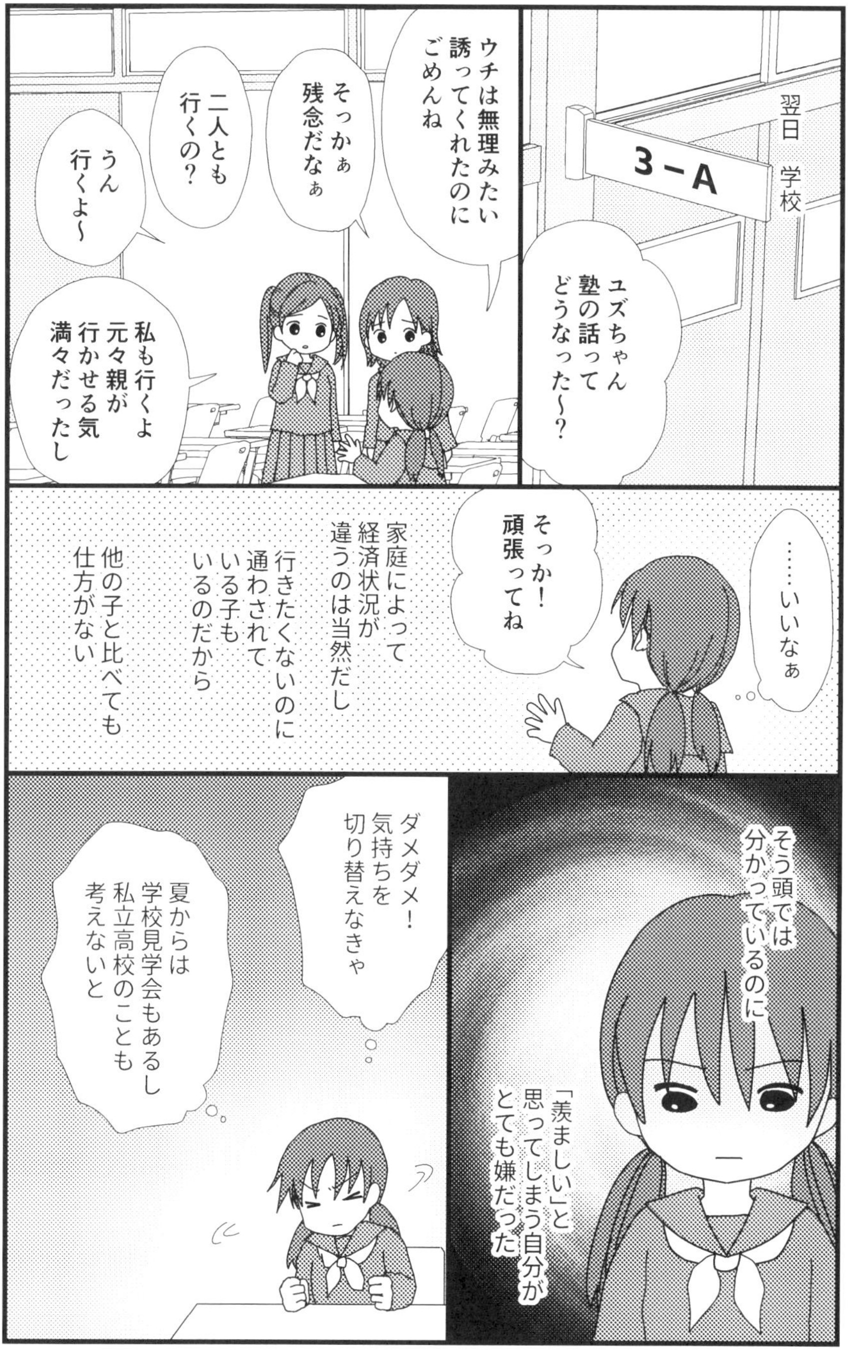
翌日　学校
3－A
ユズちゃん
塾の話って
どうなった〜？
ウチは無理みたい
誘ってくれたのに
ごめんね
そっかぁ
残念だなぁ
二人とも
行くの？
うん
行くよ〜
私も行くよ
元々親が
行かせる気
満々だったし
……いいなぁ
そっか！
頑張ってね
家庭によって
経済状況が
違うのは当然だし
行きたくないのに
通わされて
いる子も
いるのだから
他の子と比べても
仕方がない
そう頭では
分かっているのに
「羨ましい」と
思ってしまう自分が
とても嫌だった
ダメダメ！
気持ちを
切り替えなきゃ
夏からは
学校見学会もあるし
私立高校のことも
考えないと

偏差値が高くても遠い学校はダメってお母さん言ってたし
第一希望はA高校だけど通学できる範囲内であと二校見学するとして
私立なんてダメよ！
公立がいいに決まってるでしょ！
問題は私立高校……
お母さんは私立に偏見があるからどうしよう
C校
B校
自宅
A校
通学には遠い
とりあえず偏差値が高めな学校ならお母さんも機嫌悪くならないかな
私は何を考えるにしても母がどう思うかで物事を決めてしまう
そして夏になり公立の三校と私立の一校の見学会に参加
A校（第一志望）
全部先生が取り仕切ってて活気がない……雰囲気が暗い感じがする
B校（第二志望）
必要以上に校則が厳しすぎる！これじゃ楽しく過ごせないよ
C校（第三志望）
行事が生徒主導で楽しそう！公立ならここが一番好きだな

しかし最後に見学したD校(私立)に私はあっさりと心を奪われてしまった
大学の進学率も高いしカリキュラムが面白そう
それに公立にはなかった天文部がある!
天体好き
だけどずっとA高校が第一志望だったのに私立に行きたいなんて言ったら
お母さんめちゃくちゃ怒るだろうな……
私立!? 何ふざけた事言ってるの? ずっと公立だって言ってた どうして あんたは いつも 私の言うこと 聞かないの?
私立 D高等学校
……でも
ここに行きたい ここで高校生活を送りたい
それはずっと母の言うとおりの人生を歩こうとしていた私が
初めて自分自身で母とは違う希望の進路を見つけた瞬間だった
それから数日
また負けちゃった! あ〜腹立つ!
今日はやめておこう……
母の機嫌が良い時を見計らい
チャンス!?
〜♪
お母さん相談したいことがあるの
何? どうしたの?

私 公立のA高校じゃ なくて
私立だけど D高校に 行きたいの！
言えた！
ドクン ドクン ドクン
えーっ D高校？ あの有名私立の 偏差値 高い所よね？
周りでD高校に 行ってる子なんて 誰もいないし
そんなのお母さん 鼻が高いわぁ～！ みんなに自慢 できるじゃなーい！
きゃあああ
……
……えっ
予想外の 反応
でも私立だよ？ 公立と比べたら 学費すごく高いよ
大体一年で 百万円くらい かかるんだよ？
まぁ なんとか なるでしょ！
しつこいなぁ いいってば！
ねぇねぇ それより これ見てよ～
指輪？ 買ったの？ 綺麗だね
でしょ～？ 店で見て ビビッときて 買っちゃった！

指輪を衝動買いできるくらいだし
結構家計に余裕はあるのかな？良かった……
ほっ……
そうと決まればあとは合格を目指すのみ！
行きたい高校という明確な目標を持てた効果は絶大だった
内申点を上げる為苦手な挙手を積極的にする
疑問点があれば職員室へ行き先生に質問する
家では夜間テレビの音で集中できないので早朝に勉強時間を確保するなど
後悔しないように
自分にできる最大限の努力を続け
やっと合格圏が見えてきた中学三年生の冬
いよいよ願書を提出する時期になった
お母さんD高校の願書単願で出しておくね！
単願？何それ？
合格したら必ず入学するのを条件に受かりやすくなるの
公立は受検できなくなるけど私立が第一志望の人はみんな単願で……
？

ダメ
私立には行かせられない
……え？
何で？
D高校に行っていいって言ってたよね？
何でって……ダメなものはダメなの！
私立って学費高いのよ？払えるわけないでしょ！
それは前に相談した時に説明したよ？
それでお母さんが大丈夫って言ってくれたから……
そんなこと言ってない!!
あんた何自分に都合のいいようにしようとしてるわけ？
えぇー!?
……あっ
おばあちゃんのアパートを売った時のお金があるよね
三年分には足りないけどそれを使えば足しに……
あのねぇ……

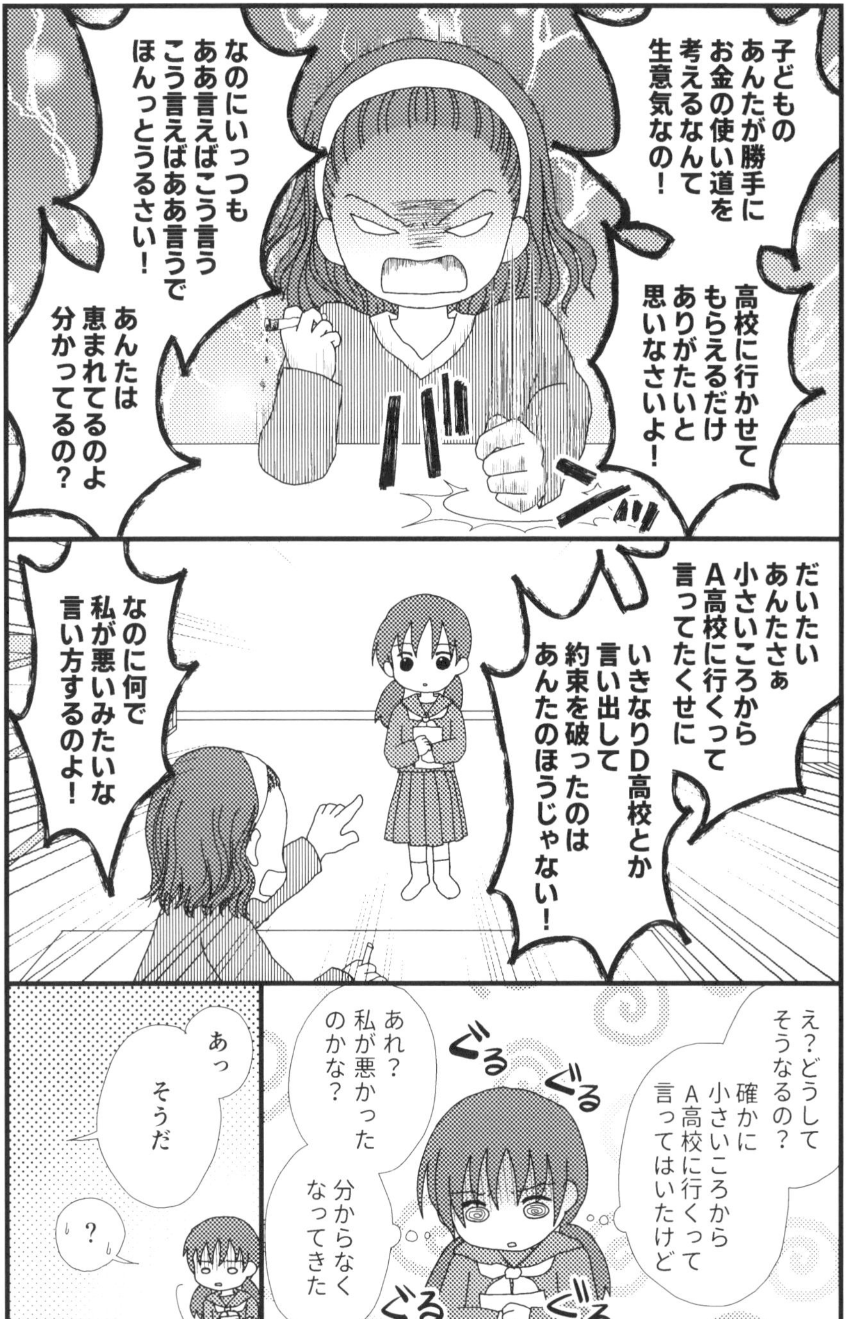
子どものあんたが勝手にお金の使い道を考えるなんて生意気なの！
高校に行かせてもらえるだけありがたいと思いなさいよ！
なのにいっつもああ言えばこう言うこう言えばああ言うでほんっとうるさい！
あんたは恵まれてるのよ分かってるの？
ダンッ
だいたいあんたさぁ小さいころからA高校に行くって言ってたくせに
いきなりD高校とか言い出して約束を破ったのはあんたのほうじゃない！
なのに何で私が悪いみたいな言い方するのよ！
え？どうしてそうなるの？
確かに小さいころからA高校に行くって言ってはいたけど
あれ？私が悪かったのかな？
分からなくなってきた
ぐる
ぐる
ぐる
ぐる
あっ
そうだ
？

あんたずっと
パソコンが
欲しいって
言ってたじゃない
私立の学費に
比べれば
安いもんだし
公立に入学したら
買ってやるから！
いや……
そういうことじゃ
なくて……
それで
いいでしょ？
ハイッ
この話は終わり！
その時は
母の気迫に押されて
それ以上何も
言えなくなって
しまったが
…………
どうしても
納得がいかず
翌日の朝
母の就寝中に
通帳を確かめると
頻繁に数万円ずつ
引き出され
半年足らずで
残高が無くなっている
結果が残っていた
憶測では
あるけれど
母はきっと
このお金を使って
パチンコに行ったり
指輪を買ったり
していたのだろう

あぁ 本当に ダメなんだ……
私何の為に 今まで受験勉強 してたんだろう
悲しみや 怒りよりも 「諦め」という 気持ちが一番 しっくりきた
え!?併願!? D高校が 第一志望だろう? 単願の間違いじゃ ないのか?
その後 D高校を 併願で提出 したら 担任の先生が 驚いて確認を してくれた
いえ 併願で 間違いないです
「まぁ受験料 くらいなら 出してやるから 記念に受ければ?」
今更他の私立を 受験する気には なれず 試験だけは 受けることに したのだが
……そうか 分かった
ペコッ
先生の 心配そうな 表情が 印象的だった
あんなに やる気で 満ちていた 気持ちは ぷっつりと 途切れ

○○ちゃん私立E校受けるの？
○○ちゃんならもっと偏差値の高い高校狙えるんじゃない？
ザワ
ザワ
ザワ
あ〜でもあそこなら頑張らなくても受かりそうだし
お母さんの方がやる気いっぱいでさ〜
「夜勉強するなら夜食作るよ〜」とか気合入っちゃってて
そんなに勉強しないっての(笑)
以前は気にならなかったクラスメイトの些細な会話にさえイライラが募った
それでも試験に合格すれば
母が考え直す可能性があるのではと
万に一つの望みをかけながらとうとう試験日前日となった
いつもは寝てる時間だけど緊張して眠れないな
復習だけしたいけどテレビの音で集中できない……
アッハッハ あ〜もう〜おかしい〜
あの……お母さん
明日試験だし集中したいからもう少し音量を下げてくれないかな…
……はぁ？
何をふざけたこと言ってるの？
ビクッ

試験日前日だからって慌てて勉強してるくせに！
大体あんたいっつも早く寝ててさぁ
私あんたが勉強してる所見たことないんだけど!?
それはいつも夜テレビの音がうるさいから早朝に勉強してたんだし
お母さんは私が登校する時間になっても寝てるから見てないだけじゃない
…と言い返したいのに
どうしても言い返せない
今まで全然頑張りもしてないくせに
急に偉そうに指図してあんた何様のつもり!?
……分かった
ごめんなさい

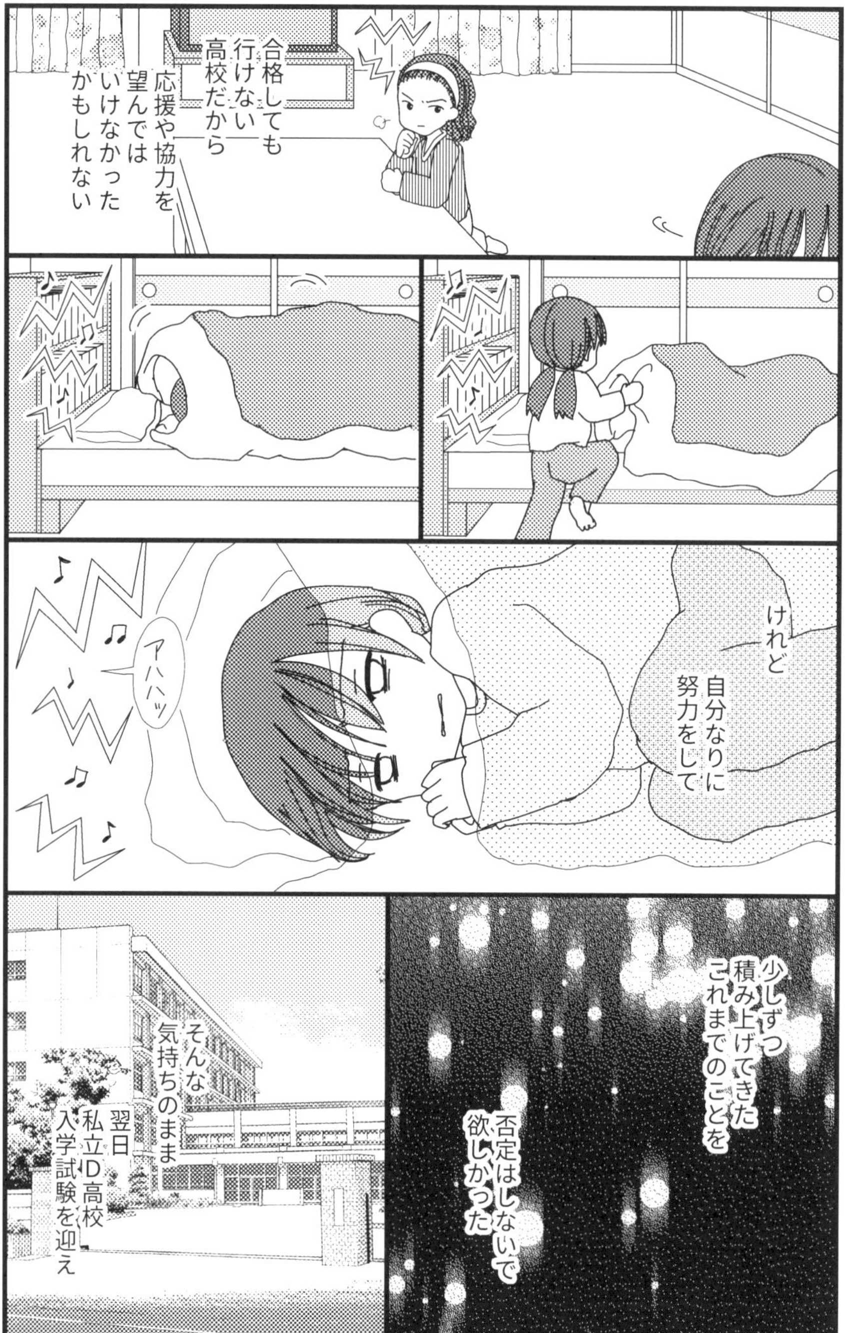
合格しても行けない高校だから
応援や協力を望んではいけなかったかもしれない
けれど
自分なりに努力をして
アハハッ
少しずつ積み上げてきたこれまでのことを
否定はしないで欲しかった
そんな気持ちのまま
翌日私立D高校入学試験を迎え

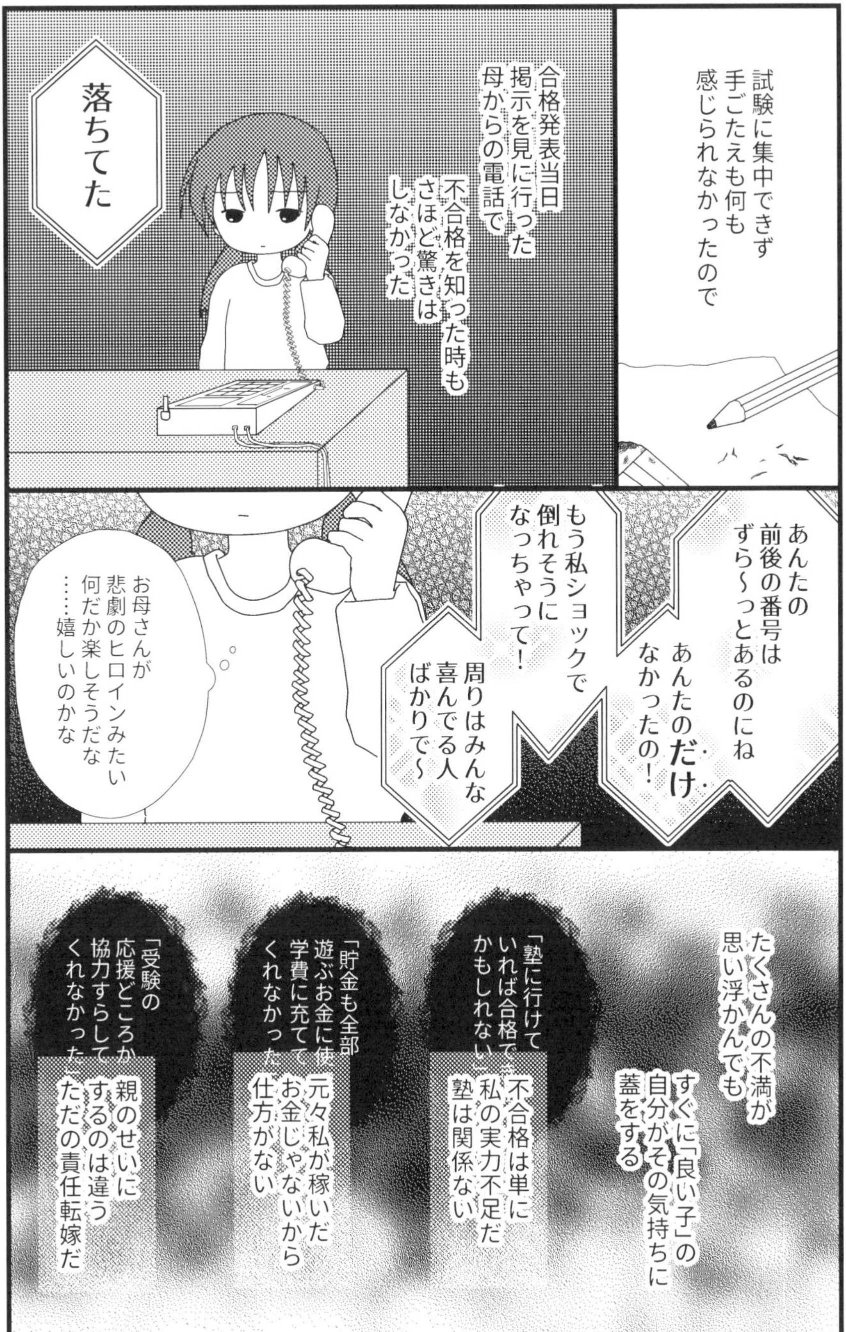
試験に集中できず
手ごたえも何も
感じられなかったので
合格発表当日
掲示を見に行った
母からの電話で
不合格を知った時も
さほど驚きは
しなかった
落ちてた
あんたの
前後の番号は
ずら〜っとあるのにね
あんたのだけ
なかったの！
もう私ショックで
倒れそうに
なっちゃって！
周りはみんな
喜んでる人
ばかりで〜
お母さんが
悲劇のヒロインみたい
何だか楽しそうだな
……嬉しいのかな
たくさんの不満が
思い浮かんでも
すぐに「良い子」の
自分がその気持ちに
蓋をする
「塾に行けて
いれば合格で
かもしれない」
不合格は単に
私の実力不足だ
塾は関係ない
「貯金も全部
遊ぶお金に使
学費に充てて
くれなかった
元々私が稼いだ
お金じゃないから
仕方がない
「受験の
応援どころか
協力すらして
くれなかった
親のせいに
するのは違う
ただの責任転嫁だ

しかし私立の二次試験を受けた際に
送迎をしてくれた担任の先生からの一言が私を救ってくれた
バタン
お疲れ！試験はどうだった？
多分……大丈夫だと思います
そうか！それは良かった
……まぁおまえは頑張れる努力家だから
どこの高校でもちゃんとやっていけると思うよ
……はい
母に否定された今までの頑張りを認めてもらえてとても嬉しかった
三年間担任をしてくれた先生は普段はとても厳しかったけれど
それ以上に優しくて生徒思いな熱い人だった
私もそんな教師になりたいな……

学費免除なら C高校じゃなくて そっちにしたら? 特進科だし C高校より偏差値 高いんでしょ? ね!そうしましょ!
圧力
その後 私立の二次試験の 合格通知が来て しかも学費免除の 優遇付きだったので 母が猛プッシュ してきたが
C高校の方が 偏差値高いし 学費免除も 一年間だけだよ……
公立C高校にも 合格したことで 事なきを得た
良かった～ 安心した
ちなみに
卒業後 ふとパソコンの ことを思い出して 母に尋ねたところ
そういえば 公立に合格したら パソコンを 買うって話は……
はぁ?何それ あんたパソコンが 欲しいから公立 選んだわけ?
物目当てで 進路決めるような 邪な人間に そんな高価なもの 買う訳ないでしょ!!
私がパソコン欲しさに 公立を選んだのだと 母の中で決めつけられて 散々責められ
約束は 当然のように 反故にされた
何となく こうなる気は してた……
思い込みが 激しすぎて 買う買わない 以前の問題…

第3章

［高校生編］

春
公立C高校入学
生徒数の少ない中学校生活から一変
高校生活は色々な意味で新鮮だった
クラスでは気の合う友だちが出来て
部活に入ったことで年上の人と接する機会も増えた
今まで限られた範囲だった自分の世界が急に広がったような気がした
それが嬉しくて楽しくて
気が抜けてしまった結果
9 教科合計学年順位　175/320
中間考査で撃沈

ヤバイ！
これはヤバイ！
半分以下の
順位だなんて
お母さんが
知ったら……
何なの
この成績は！
あんた何の為に
学校行ってるの？
遊びに行ってるの？
私だってこんなこと
言いたくないけど
あんたの為を思って
言ってやってるのよ！
ごめんなさい……
もういい！
学校に電話して
退学させるから！
!!
ごめんなさい
期末でちゃんと
挽回するから
退学は許して！
許しを請い
その場は
なんとか
退学を免れたが
あんた部活も
まだ続ける気？
一体何の為に
学校に行ってるの？
文化祭だか
知らないけど
家と部活どっちが
大切だと思ってるの？
大体あんたはいつも
自分勝手で何でも
思い通りになると
思ってるんでしょ？
部活に関しても
小言を
言われ続けた

それでも
部活は
辞めずに
いたある日
何だか
気持ち悪い
でも部活は
行きたい
心のオアシス…
あれ
部室に誰かがいる
身体も
強くないし
要領も悪いし
視野が狭いって
言うか……
お母さん!?
ざわ
ざわ
周りに
気を遣いすぎる
性格だし
部活に向いて
ないと
思うんです～
お母さん
何してるの
……
ああ!
丁度いいわ
部活辞めた方が
いいと思って
言いにきて
やったの!
ほら帰るよ!
!?
グリ
イッ
急に何?
辞めないよ
いいから
帰るよ!

思い返せば
中学の時も
何かと文句をつけられて
部活を辞めていた
受験勉強も
あるのに
何で部活
辞めないの？
いい高校
行く気
ないの？
グチ
グチ
グチ
グチ
グチ
かといって
家事の手伝いや
テレビの騒音で
勉強に集中できる
環境ではなく
母の目的が
全く分からない
高校生になっても
このまま
母の言うとおりに
部活を辞めなければ
いけないのだろうか
A やめる
B やめない
A
B
A
少なくとも
周りの友人たちは
何でも全部
親の言いなりには
なってないのに
……もしかして
私の家庭《うち》って
ちょっと
変わってる？
自分の家庭が
変わっているのかもと
気づいても
具体的に何なのか
分かるほど
私の社会と視野は
まだまだ広くはなかった

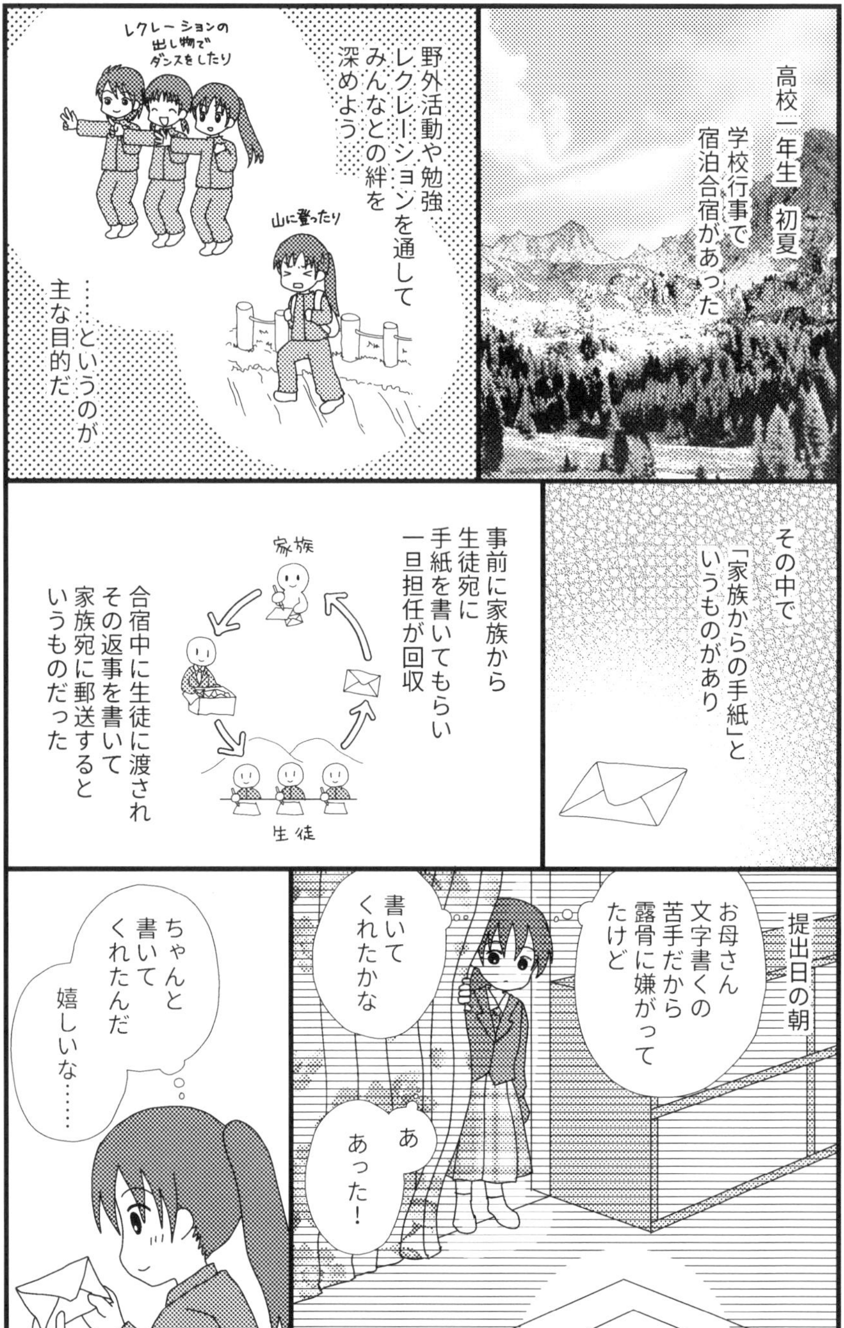

高校一年生 初夏
学校行事で宿泊合宿があった
野外活動や勉強 レクレーションを通して みんなとの絆を深めよう
レクレーションの出し物でダンスをしたり
山に登ったり
……というのが主な目的だ
その中で「家族からの手紙」というものがあり
事前に家族から生徒宛に手紙を書いてもらい一旦担任が回収
家族
生徒
合宿中に生徒に渡され その返事を書いて家族宛に郵送すると いうものだった
提出日の朝
お母さん文字書くの苦手だから露骨に嫌がってたけど
書いてくれたかな
あ あった!
ちゃんと書いてくれたんだ
嬉しいな……

無事手紙を提出し
翌週
宿泊合宿へ出発
二日目の夜に
手紙を読み
返事を書く時間が
設けられた
手紙は担任から
一人ずつ
手渡しされ
A田〜
はい
B川〜
はーい
みんな少し
照れたような
表情が印象的だった
○○〜
はいっ
ガタッ
私も例外ではなく
どんな言葉が
書かれて
いるのだろうと
胸を躍らせながら
封を開けた

……………
うっ……ぐすっ
わっ どうしたの？大丈夫？
うん……
私仮死状態で生まれたらしくて
でもここまで元気に育ってくれてありがとうって
ヤバイ 涙が止まんない…
こんなの初めて知ったよ
私も低体重で生まれて
小さい頃は病気がちで心配だったけど今は元気で嬉しいって
改めて言われるとグッときちゃう～
うわ～何か分かんないけど感激するね

みんなの手紙には
家族からの愛情が詰まっているのに
私には
何もなかった
それを知られるのが恥ずかしくて切なくて
ずっと机の下で手紙を読むふりをしていた
でも忙しくて書けなかったのかもしれないし
私からの手紙はちゃんと書こう
私からの手紙には
改めて産んでくれたことへの感謝や
高校が楽しくて充実しているのは両親のおかげだということを書いた
お父さん お母さんへ
普段は こういうことを
感謝してい
この手紙を読んでもらって
自分の気持ちが伝わればそれでいい
そう思いながら書いた手紙を提出した

そして
残りの日程を
無事に終え
帰宅
ただいま!
合宿
楽しかったよ~
……
ふーん
それは
良かったね
機嫌
悪いなぁ……
あ、それでさ
手紙って届いた?
合宿先から
送ったやつ!
手紙?
……ああ
どうせあんたも
何も書いて
ないでしょ?
だから
捨てておいた

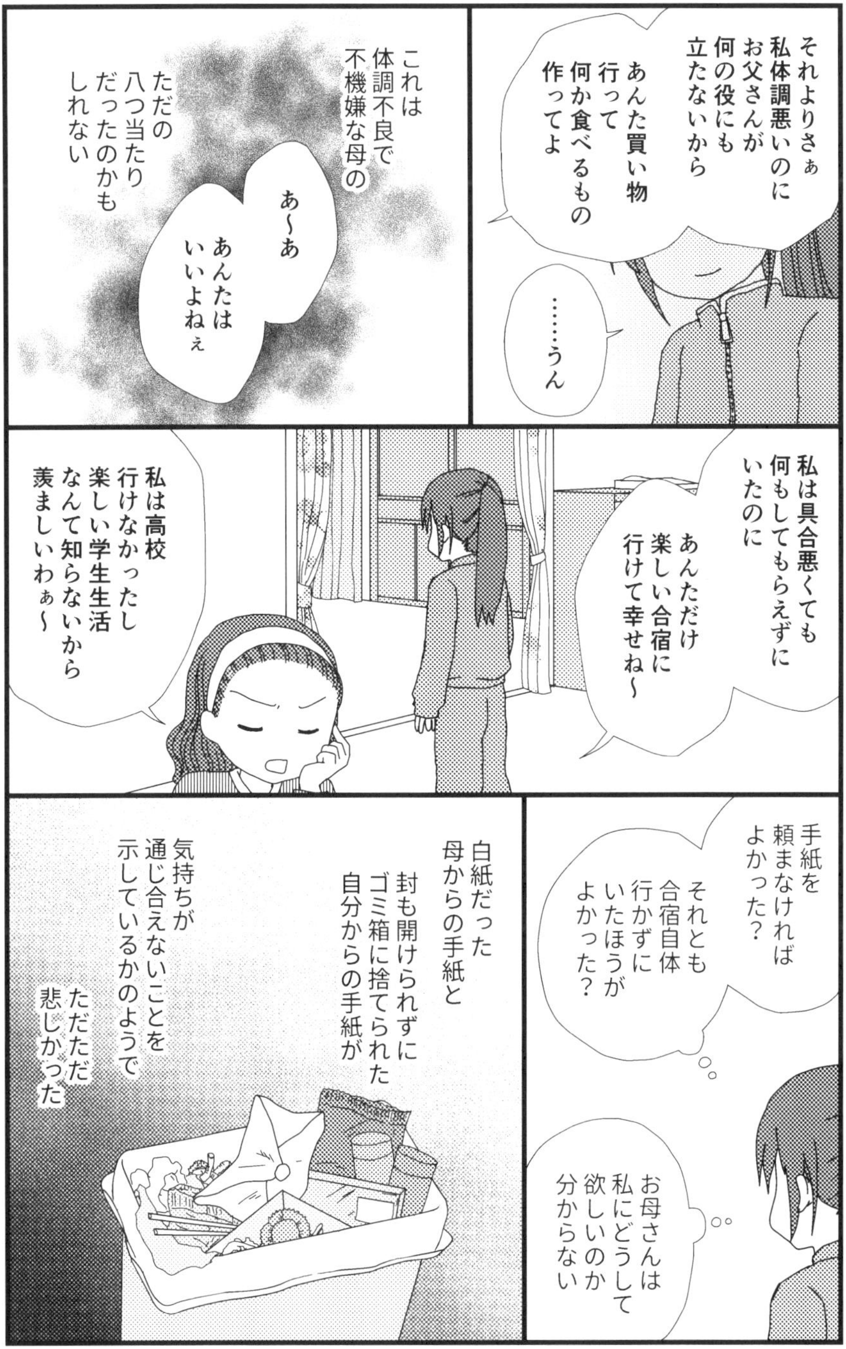

それよりさぁ 私体調悪いのに お父さんが 何の役にも 立たないから
あんた買い物 行って 何か食べるもの 作ってよ
……うん
これは 体調不良で 不機嫌な母の
あ〜あ
あんたは いいよねぇ
ただの 八つ当たり だったのかも しれない
私は具合悪くても 何もしてもらえずに いたのに
あんただけ 楽しい合宿に 行けて幸せね〜
私は高校 行けなかったし 楽しい学生生活 なんて知らないから 羨ましいわぁ〜
手紙を 頼まなければ よかった？
それとも 合宿自体 行かずに いたほうが よかった？
お母さんは 私にどうして 欲しいのか 分からない
白紙だった 母からの手紙と
封も開けられずに ゴミ箱に捨てられた 自分からの手紙が
気持ちが 通じ合えないことを 示しているかのようで
ただただ 悲しかった

一学期も終わりに近づいた頃
好きです 俺と付き合って下さい
は はいっ
気になっていた男子から告白され初めて交際することになった
お付き合いすることをお母さんに話しておかなきゃ
小さい頃からその日の出来事を全て母に話すのが当たり前で
母自身も「娘と何でも話し合える間柄」と知り合いによく自慢していた為
私は母に隠し事をするという概念が全くなかった
今日学校で何があった?
特には何も…
何? やましいことがあるから隠してるの?
休み時間に校庭で遊んだ
私は全部娘の話を聞くの!
友だちみたいな間柄なのよ
いいじゃない素敵ね〜!
恋愛に関しても母が十代の頃の恋愛話をよく聞いていたので
好きな人がいたけどその人が仕事で海外に行くことになって〜……私はまだ17歳だったから泣く泣く別れたの
なんだかドラマみたいな話だね〜!
自分も高校生くらいになれば
誰かと交際するのも不自然ではないのだろうと

そう思っていた
ドンッ
男と付き合う？何バカなこと言ってるの？
あんた男と付き合う為に高校に行ってるの？このアバズレ！
もう高校なんて行く必要ない！これから電話して退学させてやる！
付き合う為に高校に行こうなんて思ってないよ！
勉強は疎かにしないから退学は――
ゴッ
じゃあ
男と別れるなら退学は許してやる

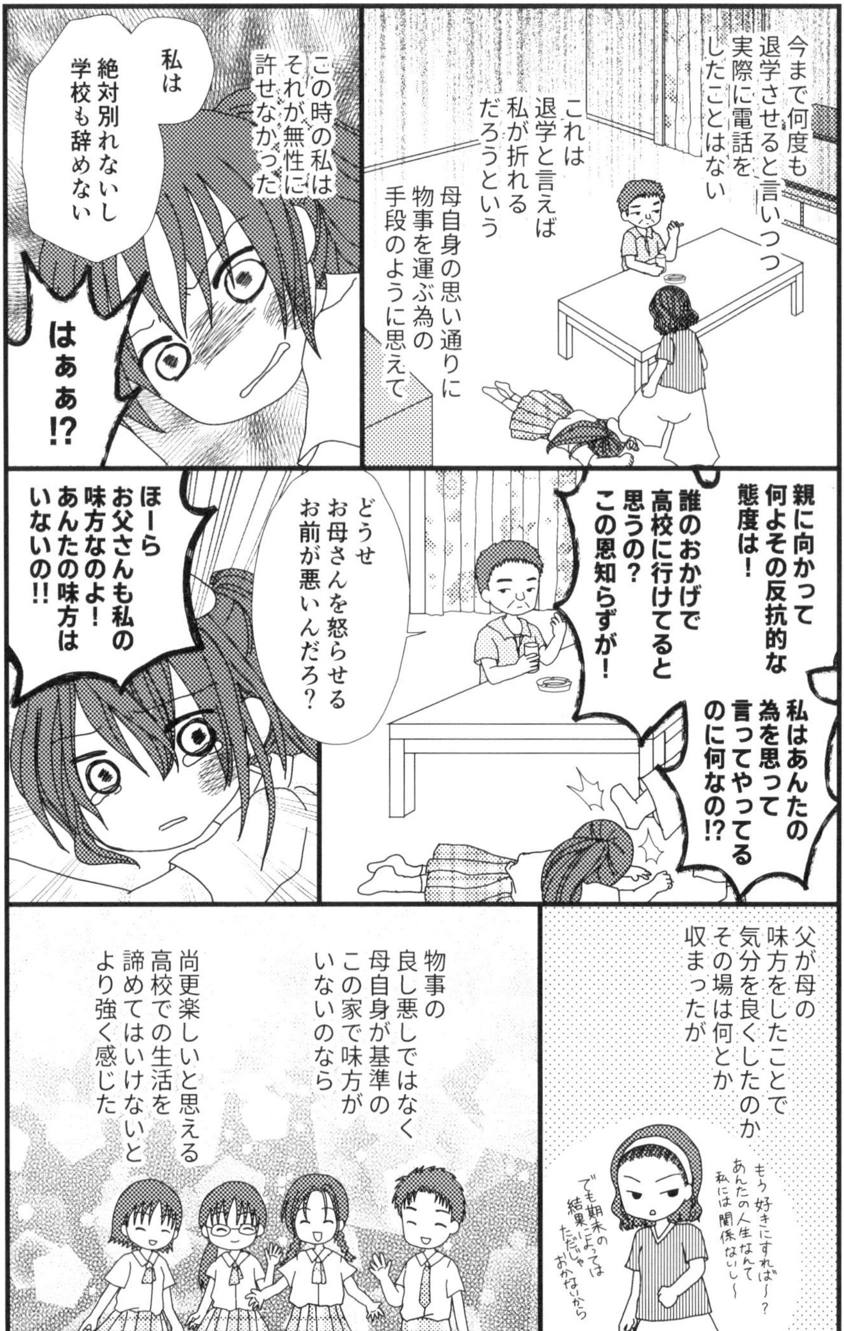
今まで何度も
退学させると言いつつ
実際に電話を
したことはない
これは
退学と言えば
私が折れる
だろうという
母自身の思い通りに
物事を運ぶ為の
手段のように思えて
この時の私は
それが無性に
許せなかった
私は
絶対別れないし
学校も辞めない
はぁぁ!?
親に向かって
何よその反抗的な
態度は!
誰のおかげで
高校に行けてると
思うの？
この恩知らずが!
私はあんたの
為を思って
言ってやってる
のに何なの!?
どうせ
お母さんを怒らせる
お前が悪いんだろ？
ほーら
お父さんも私の
味方なのよ！
あんたの味方は
いないの!!
父が母の
味方をしたことで
気分を良くしたのか
その場は何とか
収まったが
もう好きにすれば～？
あんたの人生なんて
私には関係ないし～
でも期末の
結果によっては
ただじゃ
おかないから
物事の
良し悪しではなく
母自身が基準の
この家で味方が
いないのなら
尚更楽しいと思える
高校での生活を
諦めてはいけないと
より強く感じた

ちなみに
私は母に
物心ついた頃から
「男の子が欲しかった」と
言われながら育った
あんたが
男の子だったら
良かったのに
なぁ〜……
その影響か
小さい頃は
男の子の
洋服を着ていて
ある程度
成長してからも
この服
可愛い！
プッ
え〜？
あんたに
似合うわけ
ないでしょ
私が女の子らしい
服を着ることを
母はあまり
好ましく
思っていない
ようだった
やがて中学生になり
下着について
母に相談しても
私もそろそろ
ブラが欲しいから
こういうの
買ってほしいの
はぁ？
あんたには
まだ早いでしょ！
何を言い出すかと
思ったら
急に色気づいて
気持ち悪いわね！
即却下
通販

しかし
身体はどんどん
成長していき
肌着一枚では
隠せなくなり
やっぱり
目立つなぁ
恥ずかしい……
!
苦肉の策として
ティッシュを
貼りつけたり
ハンカチを
当てたりして
過ごしていた
たまに
ずれてて
焦る
中学校を卒業後
ようやくブラジャーを
買ってはくれたものの
終始母は
不満げ
ほんっと
お金かかるし
面倒くさいし
これだから
女の子は嫌だわ
ハンッ
女じゃ
なかったら
よかったのかな…
父からは
小さい頃から
毎日のように
デブ・ブスと
言われ続けた結果
ハハッ
デブがいるから
通りづらいな
何だその顔
相変わらずブスだな～
高校生になる頃には
自分の容姿や
女であることに
自信がもてなく
なっていた

デブとかブスとか言われると傷つくよ！やめてよ！
プッ
はぁ？これは愛情表現よ？あんただって小さい頃から言われても笑ってたじゃない
あ…
愛情表現…？
確かに小さい頃は冗談として笑えてたけど今は嫌って言ってるのに
そもそも愛情表現なら何を言ってもいいわけじゃないよね？
口に出せばたった数文字の言葉でも
言われた時の嫌な気持ちは蓄積していて
デブ
ブサイク
可愛くない
ブス
大根足
ブタ
それが例え愛情表現だと言われても
溜まった感情は簡単に消えるものではなかった

でも愛情表現と
いうことは
自分は両親に
愛されていると
いうことで
それを素直に
受け取れない
自分が歪んで
いるのだと
この時は
思っていた
ならば外見を
磨こうと
色々と試したが
全て上手くいかず
化粧に興味なんて
色気づいて
気持ち悪い！
やめなさい！
体重は30kg台後半
無理な食事制限が
原因か髪が大量に
抜けるようになり
無意識に
爪を噛んだり
指の皮を
剥くように
なったりして
常に指先は
ボロボロ
綺麗に
なりたいのに
なれず
容姿への
コンプレックスは
増すばかり
何なの？
あんたの
その手
みっとも
ないし
気持ち悪い
汚いな
変な病気
なんじゃ
ないのか？
……

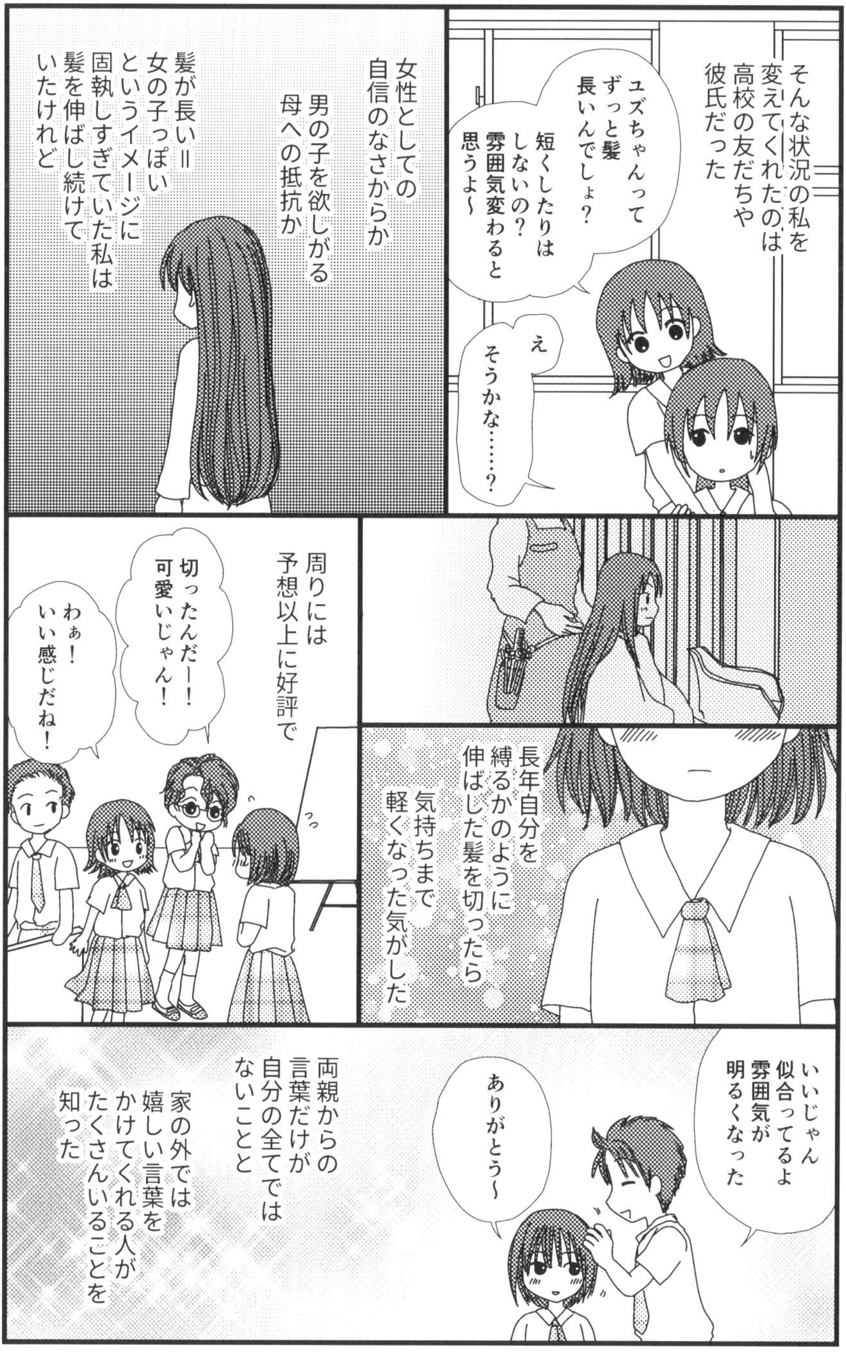
そんな状況の私を変えてくれたのは高校の友だちや彼氏だった
ユズちゃんってずっと髪長いんでしょ？
短くしたりはしないの？雰囲気変わると思うよ～
え
そうかな……？
女性としての自信のなさからか
男の子を欲しがる母への抵抗か
髪が長い＝女の子っぽいというイメージに固執しすぎていた私は髪を伸ばし続けていたけれど
長年自分を縛るかのように伸ばした髪を切ったら
気持ちまで軽くなった気がした
周りには予想以上に好評で
切ったんだー！可愛いじゃん！
わぁ！いい感じだね！
いいじゃん似合ってるよ雰囲気が明るくなった
ありがとう～
両親からの言葉だけが自分の全てではないことと
家の外では嬉しい言葉をかけてくれる人がたくさんいることを知った

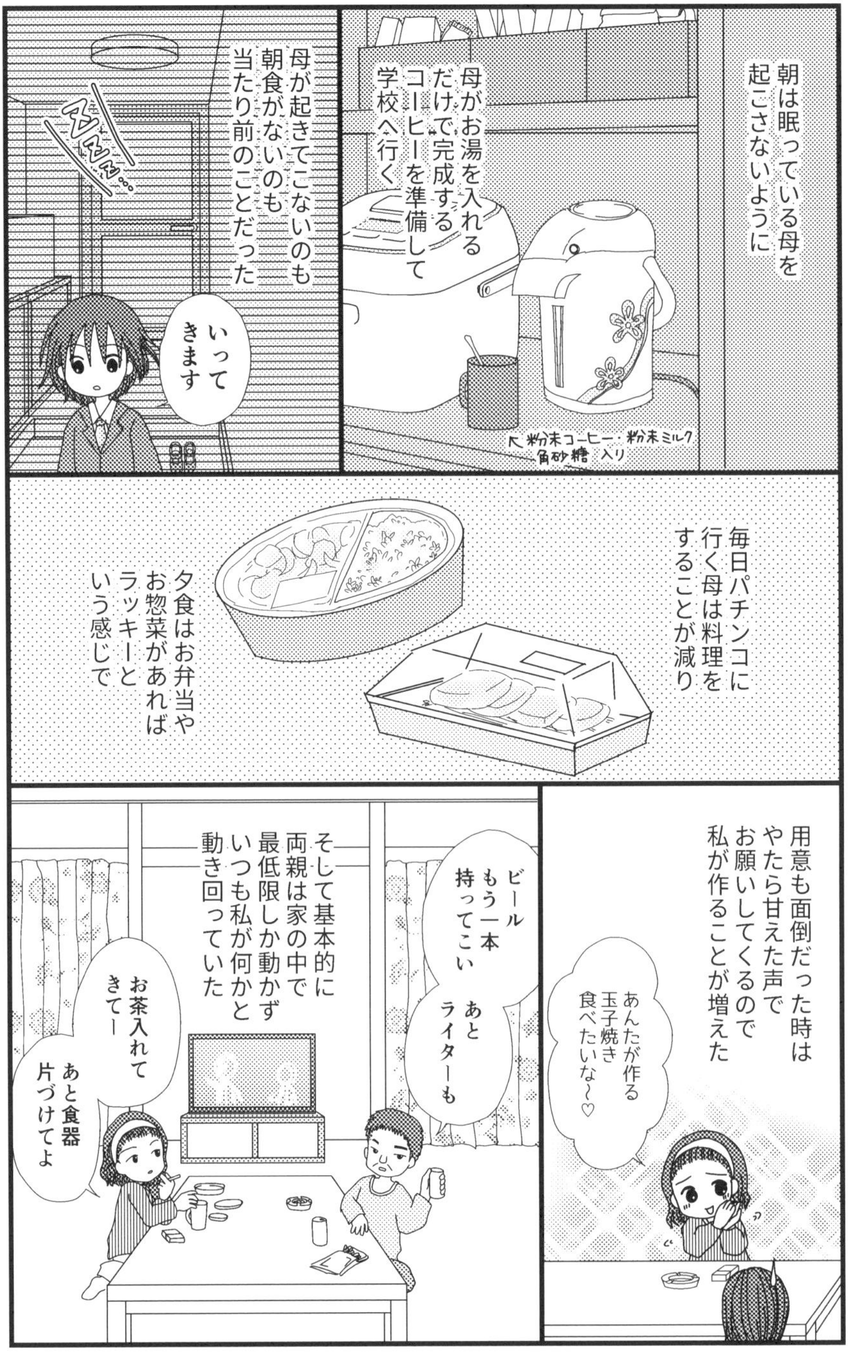

朝は眠っている母を
起こさないように
母がお湯を入れる
だけで完成する
コーヒーを準備して
学校へ行く
↖粉末コーヒー・粉末ミルク
角砂糖 入り
母が起きてこないのも
朝食がないのも
当たり前のことだった
ZZZ…
いって
きます
毎日パチンコに
行く母は料理を
することが減り
夕食はお弁当や
お惣菜があれば
ラッキーと
いう感じで
用意も面倒だった時は
やたら甘えた声で
お願いしてくるので
私が作ることが増えた
あんたが作る
玉子焼き
食べたいな〜♡
そして基本的に
両親は家の中で
最低限しか動かず
いつも私が何かと
動き回っていた
ビール
もう一本
持ってこい
あと
ライターも
お茶入れて
きてー
あと食器
片づけてよ

次のニュースです ○○県で先日 □歳の女の子が 死亡した事件で
両親を 傷害致死の 疑いで逮捕し……
自分のお腹を 痛めて産んだ 子なのに…… 虐待なんて 理解できない
こういう ニュース 多くて悲しいね
あんたは 家にも食事にも 困ってないし 恵まれてるよね
本当に そうだね……
住む家がある
食事も摂れている
学校にも行ける
暴力を毎日受けて いるわけでもない
私は恵まれている
学校生活は楽しく あっという間に 二年生になり
やった〜 同じクラス!
行きたい大学も ほぼ決まった
教育大学!
A教育大学
パートを始めた 母が修学旅行費を 捻出してくれて
秋には 修学旅行にも 無事行くことが できた

毎日が充実していて
とても幸せ
ただいま!
あれ?
お母さんの靴はあるのに家の中が真っ暗だ
お母さーん?
わっ どうしたの?
ああ… あんただったの
そういえば一年生の時の宿泊研修で私がいない時も体調崩してたなぁ
具合悪いの? 大丈夫?
もう限界……
お父さんと離婚する

母曰く
私が修学旅行で不在中に体調を崩したが
父はそれを理由に仕事を休んだもののずっと飲酒していて食事も自分の分しか用意せず
母は放置された状態だったらしい
酷い……お父さん何もしてくれなかったんだねそれは辛かったでしょ
うわぁ…
他にも色々……
ブツ
ブツ
もう愛想が尽きたし
近いうちにこの家を出ていくから
えっ
お母さんが家を出るの? そんなに早く?
じゃあ私も一緒に……
あんたはお父さんといなさいよ じゃないと誰がお父さんの世話するの?
でも……!
もう無理なの!
あんたにはわからないだろうけど
ずっとずっと昔から我慢してたのよ!
もう私のことは放っておいて!!

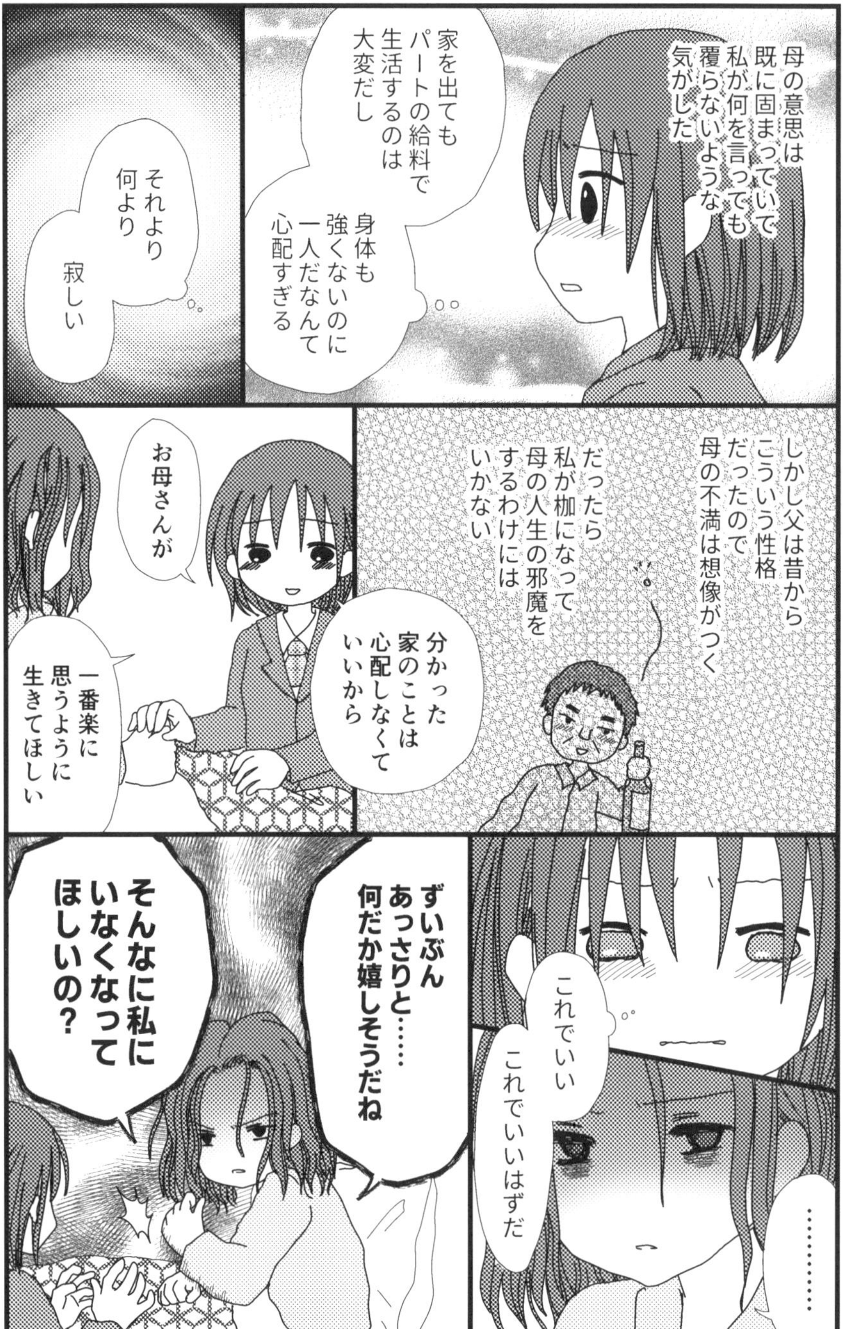

母の意思は既に固まっていて私が何を言っても覆らないような気がした
家を出てもパートの給料で生活するのは大変だし
身体も強くないのに一人だなんて心配すぎる
それより何より
寂しい
しかし父は昔からこういう性格だったので母の不満は想像がつく
だったら私が枷になって母の人生の邪魔をするわけにはいかない
分かった家のことは心配しなくていいから
お母さんが
一番楽に思うように生きてほしい
これでいい
これでいい
これでいいはずだ
…………
ずいぶんあっさりと……何だか嬉しそうだね
そんなに私にいなくなってほしいの？

私がいないほうが思う存分彼氏と会えるもんねぇ！
あんただってどうせ邪魔者が消えて嬉しいから私の事はどうでもいいんでしょ!?
それに私は元々子どもなんて欲しくなかったのよ！
あんたさえデキなかったら結婚なんてしなかった!!
もうっ……本当に……
あんたなんて産むんじゃなかった!!
あんたが生まれたせいで私の人生が台無しよ!!

母はそれからも
何かが決壊
したかのように
怒鳴り続けた
あんたさえ
いなかったら
もっと違う
人生があったのに
生まれてきて
全部あんたの
せいよ！
どう責任とって
くれるの!?
ごめんなさい
私は
ただ謝ること
しかできない
母の人生を
台無しにして
ごめんなさい
高校生に
なったとはいえ
自立していない
私にとって
家庭がまだ
世界の中心で
その中で
存在を否定されて
どうすれば良いのか
分からなくなった
そして
母の為にと思って
引き止めなかったのが
不正解だったということ
分かったのは
私は
生まれてきては
いけなかった
ということ

どうやって部屋に戻ったのかも曖昧なまま
気が付くと手首をカッターナイフで切っていて
傷は浅いものだったけれどその痛みに少しホッとした
心が痛くて
痛くて壊れそうで
身体の痛みに置き換えることで
私は自分を守ろうとしていたのかもしれない
晩御飯作るけど食べられそう？
……いらない 食欲ない
それでも「良い子」の私は母の機嫌を取ろうとして
じゃあ一人分だし適当にあるもので作ればいいか
出来た！
何度も「不正解」が続いた
自分だけ食べるの？
あんた私を餓死させるつもり!?
…ごめん じゃあこれ食べていいから

その後も母は情緒不安定で何度も家出をしようとして
止めなければ機嫌が悪くなるので何度も探しては連れ戻した
私がどこに行こうとあんたには関係ないでしょ⁉
でも裸足じゃ危ないし一旦家に戻ろう？
父は母の体調不良を理由に仕事を休み続け
今日も嫁が調子悪いんで〜休みます〜
また今日も休むの？何日目？
お酒飲んで寝てるだけじゃん…
何もせずに一日中飲酒してゴロゴロしていた
そんな父に母の見守りが出来るはずもないので
私も学校を休むことが増えた
出席すべき日数 98
欠席日数 31
出席日数 67
母の調子が良い時に登校することもあったが
久しぶり〜
少しでも帰宅が遅くなると不安定になる為部活も出られなくなっていった
何で遅いの？授業が終わったらさっさと帰ってきなさいよ！
あんた私と学校とどっちが大事なわけ？
楽しかったはずの学校や部活が
次第に居心地悪くなっていく
今日も部活出られないの？
ごめん〜

家も学校も息苦しいし環境を変えたいな
昼食代も貰えなくなったしバイト探すか……
学校が休みの日だけバイトに行きたいんだけどいいかな
社会勉強になるしいいんじゃないの
アルバイトに関して母はあっさり賛成してくれたが
ただいま～
母の狙いはアルバイト代だった
今日給料日でしょ？お金貸して♡
些細な抵抗として帰宅前に銀行で預入しても
すぐに引き出してこいと怒られ二度手間になる
これが毎月繰り返された
渡したお金がパチンコ代になっているのは知っていたが
遊びに行ってくる～♪
外出する元気が出たことに安心したのも事実だったので何も言えなかった
そして良くないことは更に続く

はい
○○さんのお宅ですか?
はい そうです
□□信販ですがお母様はご在宅ですか?
それは クレジットカードの支払いを滞納していたことによる督促の電話だった
□□信販から電話があった?
もしまたかかってきたら私はいないって言っておいて
出なかったら何度もかかってくるから
しかし母は居留守を使うようになり
学校に行く!? 電話の音がうるさくて頭がおかしくなりそうなのに!
あんたがいなかったら誰が電話対応するのよ!
学校の欠席はさらに増えた
しばらくすると
電話だけでなく自宅のインターホンが頻繁に鳴るようになった
ピンポーン
ピンポーン
破産の手続きするから
書類とかたくさん書くものがあるしあんたも裁判所についてきてよ
そんなことが続いたある日母が裁判所へ行くと言い私も同行することになり

相談の結果
破産ではなく
個人再生の
方向で話を
進めることになった
判所
ではこちらに
現在の家計状況を
ご記入ください
はい
その中で
現在の家計状況を
母が記入し
家計の見直しを
考えるという
ものがあった
被服費が
三万円と
ありますが……
給与収入 円
住宅費 円
食費 円
光熱費 円
通信費 円
医療費 円
被服費 円
教育費 円
遊興費 円
服?最近は
全然買って
ないと
思うけど……
娘が欲しがるので
娘の服を買っていて
……高校生ですし
何かとお金がかかって
!?
やはり三万円は
多いと思うので
そこも節約して
いきたいですね
はい……
……すみません
ぐすっ
母は自分が
パチンコに
使っている
遊興費は書かず
被服費や教育費の
部分に多めの
金額を書いていた
給与収入 円
住宅費 円
食費 円
光熱費 円
通信費 円
医療費 円
被服費 30,000円
教育費 30,000円
遊興費 0円

服どころかバイト代も全部渡して
昼食代さえ満足に貰えていないのに
私にお金を使っていると嘘をついて
生活が苦しいのは私のせいってことにしたいのか……
あなたも
もう高校生なんだからお母さんをあまり困らせないように
もう少し協力してあげてね
納得はいかなかったけれど
月々のカードの返済額が父の月収を軽く超えているという現実を目の当たりにして
私は何も言えなくなった
改善案
現状の家計状況
あれっ
アクセサリー出してどうしたの?

どうして……って
売るからよ
借金がなくなった訳じゃないししょうがないじゃない
経済的なことを考えると離婚の話もなくなり
大好きな貴金属を手放すことに決めて落ち込む母の姿を見ていると
率直に
何とかしてあげたい 私が支えてあげなければ ……と思った
今は手放すことになっちゃうけど
私が就職したらお母さんが好きな指輪を贈るよ
だから元気出して
今思えば
自分にとって親は何とかしてあげなければいけない存在となっていて
この頃から親子の役割が逆転し始めたように思う

高校二年生　冬
来年度のクラス編成の為進路を決める時期になり
理数系の教師を目指していたので国公立理系コースを希望していたが
年間授業料は50万円くらいかかる
入学料も必要だし国立でも結構高い
短大もあるけどほぼ私立だし理数系は取れない
奨学金は既にお母さんが使い込んでてこれから学費に充ててくれるとは思えないし
バイトしても今みたいに取り上げられたら意味がない
大学進学は諦めるしかない……
色々な道を模索しても
最終的にはお金というハードルを越えられず就職コースへと変更
親への不平不満を言いつつも普通に大学進学を選べる他の子が羨ましかった
もうマジ親うざいわ〜消えろって感じ
わかる〜

しかし現実的には欠席が多すぎて民間企業への就職は絶望的
留年ギリギリの出席日数
残された道は公務員試験だったが
国家公務員　区分別
○○ 約50名
□□ 約30名
×× 若干名
※※ 約10名
当時は採用人数が少なく狭き門だった
この辺りは地方だし公務員試験も倍率高そうだよね
うん 都会の方なら採用人数もそれなりに多いんだけど……
そんなことを彼と話していた時
!!
公務員試験は他の地域も受験ができると気が付いた
ただそれは
もし他の地域の試験に合格したなら
家を出るということを意味する

借金がある親を置いて家を出るって親不孝かな……
とりあえずお母さんに公務員試験受けるって報告しなきゃ
えっ公務員試験？
市役所で働くの？じゃあ将来安泰ね！助かるわ〜！
娘が市役所勤めだなんてお母さんみんなに自慢できるじゃない！
キラ
キラ
いやまずは試験に合格しなきゃだから
前も同じこと言ってた気がする……
高校受験の時もそうだったが母は「有名私立に通う娘の親」になれるかもしれないことを喜んでいるだけだった
ステータス！
娘が有名私立に通っている
今回もギリギリになって反故にされたり
就職に関わることで振り回されたりしたくない
このまま
この家に居続けることに疑問を感じるのなら
地元の市役所も受けるけど
国家III種試験は他の地域を受けるつもり

そしてもし国家Ⅲ種に合格出来たら
私は家を出て自立しようと思ってる！
この家から出よう
家を出るってどういうこと!?
うちはお金なくて大変なのに！
あんたに自立なんて無理！
親不孝者！
予想通り当初は母から猛反対されたものの
受験倍率を知ると合格するわけがないと安心したのか何も言わなくなった
何も言わないだけならよかったけれど
日に何度も些細な事で呼ばれ勉強を中断させられて辟易とした
ねぇちょっと来て〜
ごめん今は無理だよ
ねぇ早く〜
聞いてる〜?
ま〜だ〜?
タイマーをかけて適性試験を実践中
もう……何?
リモコン取って〜
リモコン?すぐそこにあるじゃない
だって届かないじゃな〜い
ねぇ新しいタバコ持ってきて〜
母がいる部屋にある
ただ勉強の邪魔したいんだろうな……

母の妨害が より一層 自立への気持ちを 高めたのか 勉強は全く 苦ではなかったし
俺も家を出て ユズが試験を 受ける地域に 行きたいんだ
だから試験に 合格したら 一緒に暮らそう
俺もバイトして 引っ越し費用 貯めるし
そうなの⁉ 頑張るよ!
彼からの提案も 大きな励みになったが
就職時の費用にと 貯めたかった バイト代は
給与袋
給与袋
「後で返すから」と やはり全て母に 持っていかれた
そして高校三年生の 夏から秋にかけて
ぞろ
ぞろ
会場大きい! 受験者多い!
いくつかの 公務員試験を受験
結果は—— まず地元の 市役所は合格
キャー! やった〜! 市役所
今日は お寿司 取っちゃお!
え? あっ……
やったあぁ!
複数受けた 他地域の 地方公務員試験は 一次試験で不合格
あとは 国家Ⅲ種だけ……
不合格だったら 家から出られない

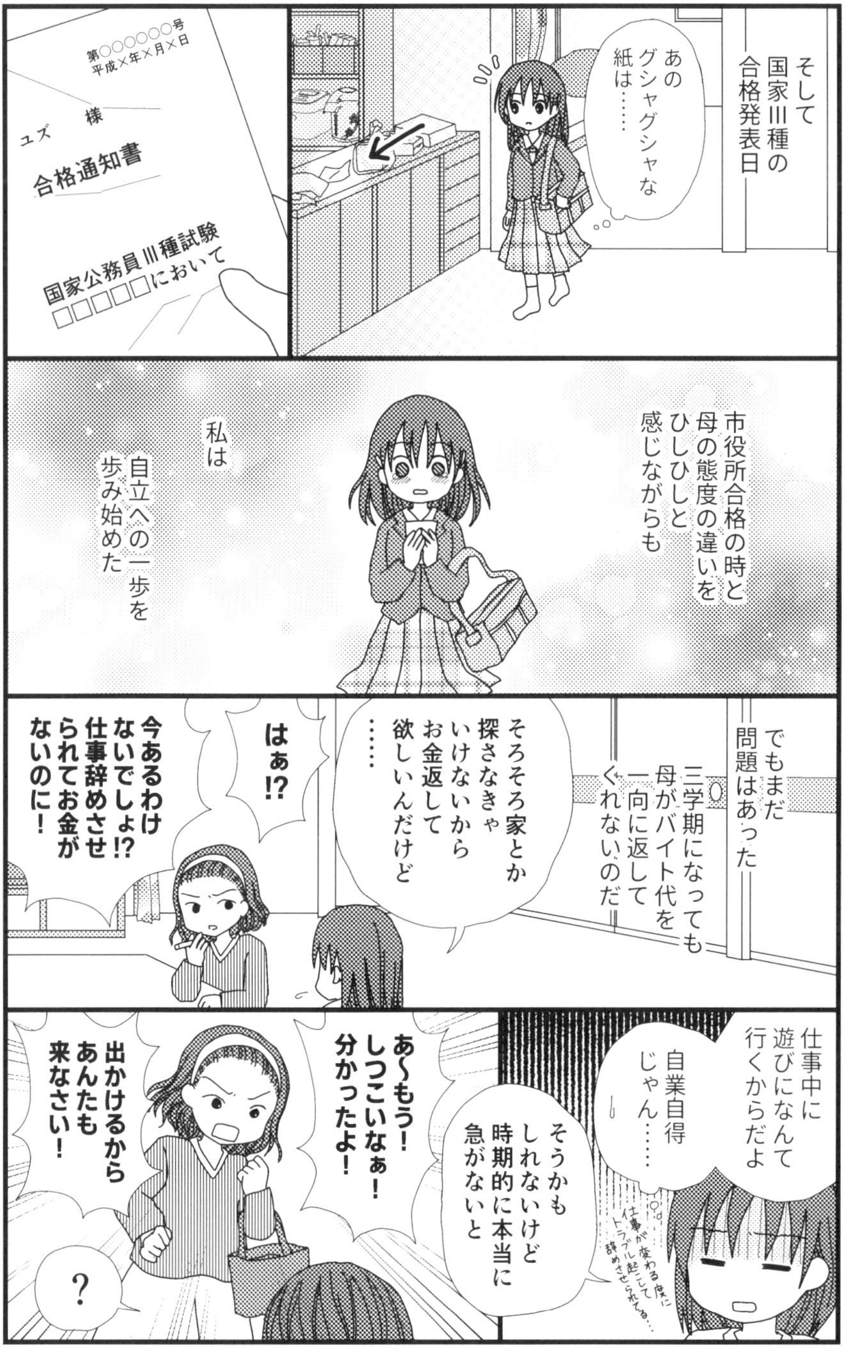
そして国家Ⅲ種の合格発表日
あのグシャグシャな紙は……
第○○○○○○号
平成×年×月×日
ユズ　様
合格通知書
国家公務員Ⅲ種試験
□□□□□において
市役所合格の時と母の態度の違いをひしひしと感じながらも
私は自立への一歩を歩み始めた
でもまだ問題はあった
三学期になっても母がバイト代を一向に返してくれないのだ
そろそろ家とか探さなきゃいけないからお金返して欲しいんだけど……
はぁ!?
今あるわけないでしょ!? 仕事辞めさせられてお金がないのに!
仕事中に遊びになんて行くからだよ
自業自得じゃん……
仕事が変わる度にトラブル起こして辞めさせられてる…
そうかもしれないけど時期的に本当に急がないと
あ～もう! しつこいなぁ! 分かったよ!
出かけるからあんたも来なさい!
?

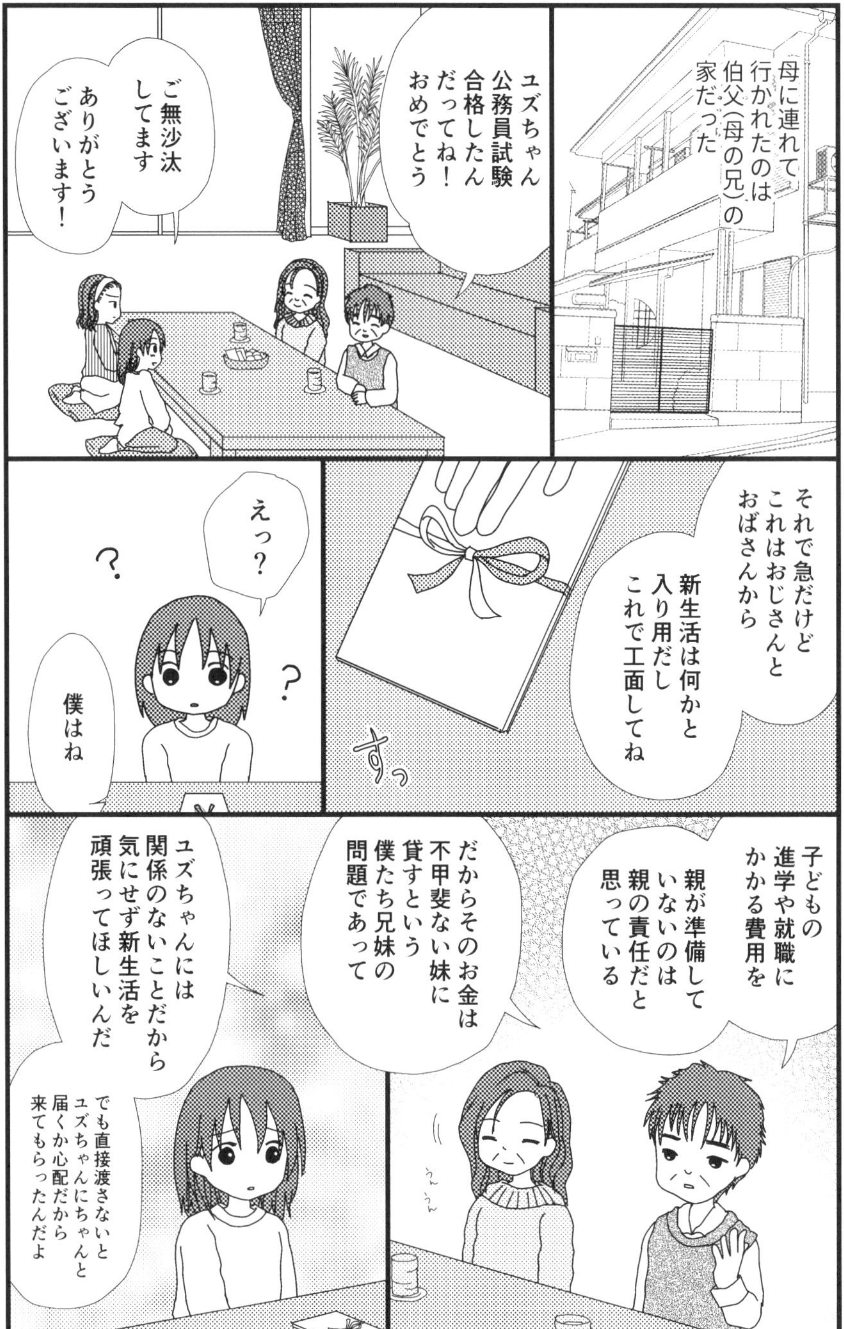
母に連れて行かれたのは伯父(母の兄)の家だった
ユズちゃん公務員試験合格したんだってね！おめでとう
ご無沙汰してます ありがとうございます！
それで急だけどこれはおじさんとおばさんから
新生活は何かと入り用だしこれで工面してね
すっ
えっ？
？
？
僕はね
子どもの進学や就職にかかる費用を
親が準備していないのは親の責任だと思っている
うんうん
だからそのお金は不甲斐ない妹に貸すという僕たち兄妹の問題であって
ユズちゃんには関係のないことだから気にせず新生活を頑張ってほしいんだ
でも直接渡さないとユズちゃんにちゃんと届くか心配だから来てもらったんだよ

それでいいな？
お前がきっちり
僕に返して
親の責任を
果たすんだぞ？
は～い
分かってるわよ
大体お前
もっと
しっかりなぁ
前々から
準備しないから
こうなるんだぞ
分かってる
ってば～
自分で決めた
道なのに
大人の手助けが
なければならない
情けなさや
伯父夫婦にまで
迷惑をかけて
しまった
申し訳なさを
感じながらも
感謝に身が
引き締まる
思いだった
ありがとう
ございます……
そして三月
無事高校卒業
バタバタと
引っ越しの
準備を終え
いっぱいありすぎて悩む…
不動産
不安と期待を
抱えながら
新幹線に乗って
実家から離れた
土地での新生活が
始まった

第 4 章

[社 会 人 編]

四月一日
入省式
その後
私が配属されたのは
多忙な部署で
毎日仕事を覚える
ことで必死だった
あれをやって
これをやって
次は
えーっと えーっと…
しかし
仕事自体は
厳しくとも
上司や先輩に
恵まれていたし
彼との生活も
順調で充実
していて
やっと
自立できて
きたのかなと
思っていた
不安な点が
あるとすれば
ねぇ～
今月お金
苦しくてさぁ
お金貸して♡
月に数回
母から無心の
電話がかかって
くること
この前送った
ばかりだよ?
私も余裕
ないし……
はぁ?
私が困ってるのに
見捨てるの?
自分の生活費
だけでも
ギリギリだと
いうことを
何度伝えても
分かって
くれない

もう……分かったよ
一万円くらいしか
送れないけど……
それでいいわ
早く送ってね
はぁ……
仕事が終わるまでの間に何件も着信履歴が残っている
彼に迷惑
かけられないし
自分の昼食費から
送っておこう
仕事して
お金稼ぐって
大変だな……
度重なる無心に
嫌気がさしつつも
親孝行な娘という
存在価値を
維持したかったのか
自分の食事を
切り詰めた
生活を続けた結果
就職二年目の
ある日
通勤途中で
突然息苦しくなり
動けなくなった
何これ?
目が回る
心臓が
バクバクする
息苦しい
これって
死んじゃうんじゃ
ないの……!?

数十分ほどで症状は治まり病院へ行ってパニック発作だと分かったが
嫌ぁぁ 怖い〰〰
その時の恐怖心は拭えずその日以降外出(特に電車)が苦痛になった
一回降りて落ち着くまで座っていよう
まだあと何駅もあるのが嫌だなぁ……
電話? お母さんだ
もしもし
ごめん今体調悪くて後からかけ直……
あのさぁ〜お父さんが仕事辞めて生活苦しいからお金送ってくれない?
えっ お父さん仕事辞めたの?
定年退職後は契約社員だったけど今回更新されなかったのよ
だから早く送ってね
ちょっと待って今は……
こっちの返事も聞かずに言いたいことだけ言って切った……
あっ
送金するなら仕事前にATM寄らないと……早く行かなきゃ
このように母は私の都合は一切聞かず
送金するのが当然のような雰囲気だった

そんな母に
うんざりして
いるのに
毎月少しずつ
貯金をして
やっと
貯まった♪
喜んでくれると
いいな～
就職三年目の
夏季休暇に
合わせて
両親に旅行を
プレゼントした
お父さんと
二人旅行
初めてよ～！
楽しかった♡
あんたに
もらった
お小遣いも
全部使って
きちゃった！
そっか！
楽しめて
良かったね～
両親が喜ぶ
顔を見て自分も
嬉しくなって
また旅行を
プレゼント
できるように
仕事を頑張ろうと
思うなんて
あんたは
留守中
どうしてたの？
せっかく地元だし
友だち呼んで
お泊まり会した～
自分でも
どうかしていると
分かっていた
でもどうしても
やめられないのは
母と物理的には
距離が離れても
共依存からは
抜け出せて
いなかったからだ

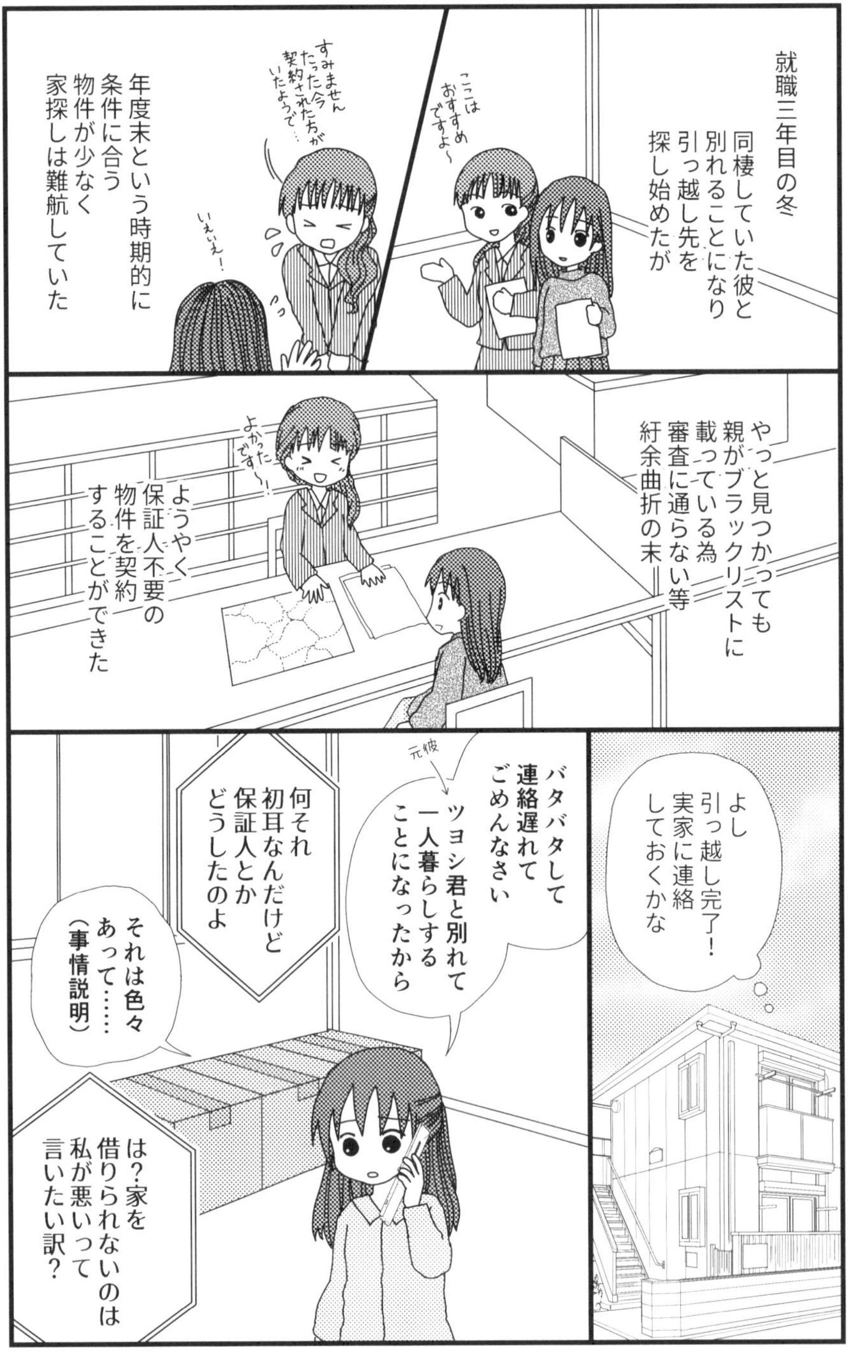
就職三年目の冬
同棲していた彼と別れることになり引っ越し先を探し始めたが
ここはおすすめですよ～
すみません たった今契約された方がいたようで…
いえいえ！
年度末という時期的に条件に合う物件が少なく家探しは難航していた
やっと見つかっても親がブラックリストに載っている為審査に通らない等紆余曲折の末―
よかったです～！
ようやく保証人不要の物件を契約することができた
よし引っ越し完了！実家に連絡しておくかな
バタバタして連絡遅れてごめんなさい
元彼
ツヨシ君と別れて一人暮らしすることになったから
何それ初耳なんだけど保証人とかどうしたのよ
それは色々あって……（事情説明）
は？家を借りられないのは私が悪いって言いたい訳？

そんなにウチの子が嫌なら籍抜いて勝手にすれば!?
しまった余計な事言わなきゃよかった
相変わらず全部報告するクセが抜けない
よし片付けよう
初めての一人暮らしに不安はあったものの
自分の身の回りのことだけやればいいって楽だ……
実家の時も二人暮らしの時も自分がしっかりしなきゃって気負ってたのかな
いざ経験してみると意外と平気だった
だけど色々上手に出来なくてずっと苦しかった
Rrr…
はい もしもし……
ボー
何?昼間から寝てたの?
まぁいいわ 私来週の仕事休み取ったから
あんたの一人暮らしの様子を見にそっちに旅行がてら行くからよろしくね
えっ
こっち来るって交通費だけでもかなりかかるよ?
それは大丈夫
それにあんたもうすぐ誕生日でしょ?

一人暮らしも
始めたことだし
何か買ってやろうと思って
お金貯めてたのよ
すごく嬉しい！
ありがとう
気を付けて来てね！
誕生日に何か
買ってもらえる
なんて初めてで
小さな子どもの
ようにワクワク
しながら
母が来る日を
待ち遠しく
過ごした
そして翌週
母がやってきた
お母さん
お疲れ様！
あら
迎えに
来たの？
はぁ～
新幹線なんて
久しぶりだし
人は多いしで
疲れたわ～
お疲れ様
人の多さに
驚くよね
晩御飯
食べに行こう
お母さんが
好きそうなお店
見つけたんだ

翌日は有休だったので一日中観光し
誕生日プレゼントとしてバッグを買ってもらえた
嬉しい
こんなの初めてだ
なんだか夢みたい
本当にいいのかな?
今まで色々あったけれど
母も変わってきたのか
あんた服とかもっと買いなさいよ〜お金出すから!
これからは仲良し母娘になれるのでは……と思った
そんな楽しい時間はあっという間に終わり
母が地元へ帰る日がやってきた
ごめんね仕事だから見送りできなくて
大丈夫よ余裕持って駅に行くから

うん
じゃあ……
いってきます
いってらっしゃい
「いってきます」と言って「いってらっしゃい」と返してもらえる
それだけで元気が溢れた
でも
そんな幸せの余韻に浸ることができたのは
ほんの僅かな間だけだった
数日後——
あ〜やっと電話出た
あんたの所に行ったからお金足りなくてさ
少しでいいからお金送ってくれない?
母は何も変わっていなかった

母が変わったのだと
私が勝手に期待を
しただけなのに
どうしてこんなに
裏切られたような
気持ちなのだろう
ごめん
いっぱい使わせ
ちゃったもんね
一万円くらいしか
送れないけど……
あ～
まぁそれでいいわ
よろしくね
何で私が
謝ってるん
だろう……
でも色々買って
くれたのは
本当だしなぁ
パタン
?
釈然としないものの
断れずにいると
無心の頻度と
要求額はどんどん
増えていった
ちょっとお金
ないからさ～
三万円くらい
送ってくれや～
三万円って
私の一か月分の
食費より
多いんだけど?
それにこの前
送金したばかり
だよね?
そんなこと
言わずに～
ブツン
着信
実家
!!

何度断っても
送金に応じるまで
電話をかけてきて
娘の月の食費よりも
多い金額を
ヘラヘラと笑いながら
要求してくる
お父さんが
勝手に電話
しちゃって～
でも本当に
困ってるからぁ
必然的に自分の
食費を削る他なく
お腹いっぱい
食べたい……
でもそんな
余裕無いし……
食事が一日に
一回というのも
珍しくなくなった
そんな逼迫《ひっぱく》した
状況でも
将来の為の貯蓄と
両親の旅行積立を
使おうとは思えず
身体的にも
精神的にも
自分で自分を
追い詰めた結果
遂には
もう
起きなきゃ
仕事に遅れる
でも身体が
重い
気持ち
悪い……
通勤する
ギリギリの時刻まで
起き上がることが
出来なくなった

鉛のように重い身体を引きずりながら出勤して
ある日仕事が終わって携帯を見ると
着信履歴
01 実家 18:23
02 実家 18:10
03 実家 17:56
04 実家 17:41
05 実家 17:22
06 実家 17:03
07 実家 16:39
実家からの着信履歴で埋まっていた
ここ最近は電話なかったから安心してたのに
これ以上お金を送ってたら自分が生活できない
もしまた無心だったらしっかり断ろう
もしもし私だよ
何か用?
……ああ あんたか仕事終わったの?
元気ないね どうしたの?
実はね……
お母さんガンになっちゃった

ガン……手術とかは？
この前受けた心配かけると思って言わなかったけど
それより仕事も休んでるからお金全然無くて……少し送ってくれない？
そんなの当然だよすぐ送金するし今度の年末休暇には帰るから無理しないで！
就職四年目の秋 母のガン宣告は青天の霹靂だった
よし！送金完了
もっと節約しようお母さんの大変さに比べたら私の体調不良なんて軽いものだよね
そして年末帰省
ただいま！
体調どう？大丈夫？
うん でも大掃除も正月の準備も何も出来なくてさ〜
そんなの私がやるからいいよゆっくりしてて！
じゃあ掃除終わったら買い物に行きたいからあんたも付いてきてよ
分かった〜

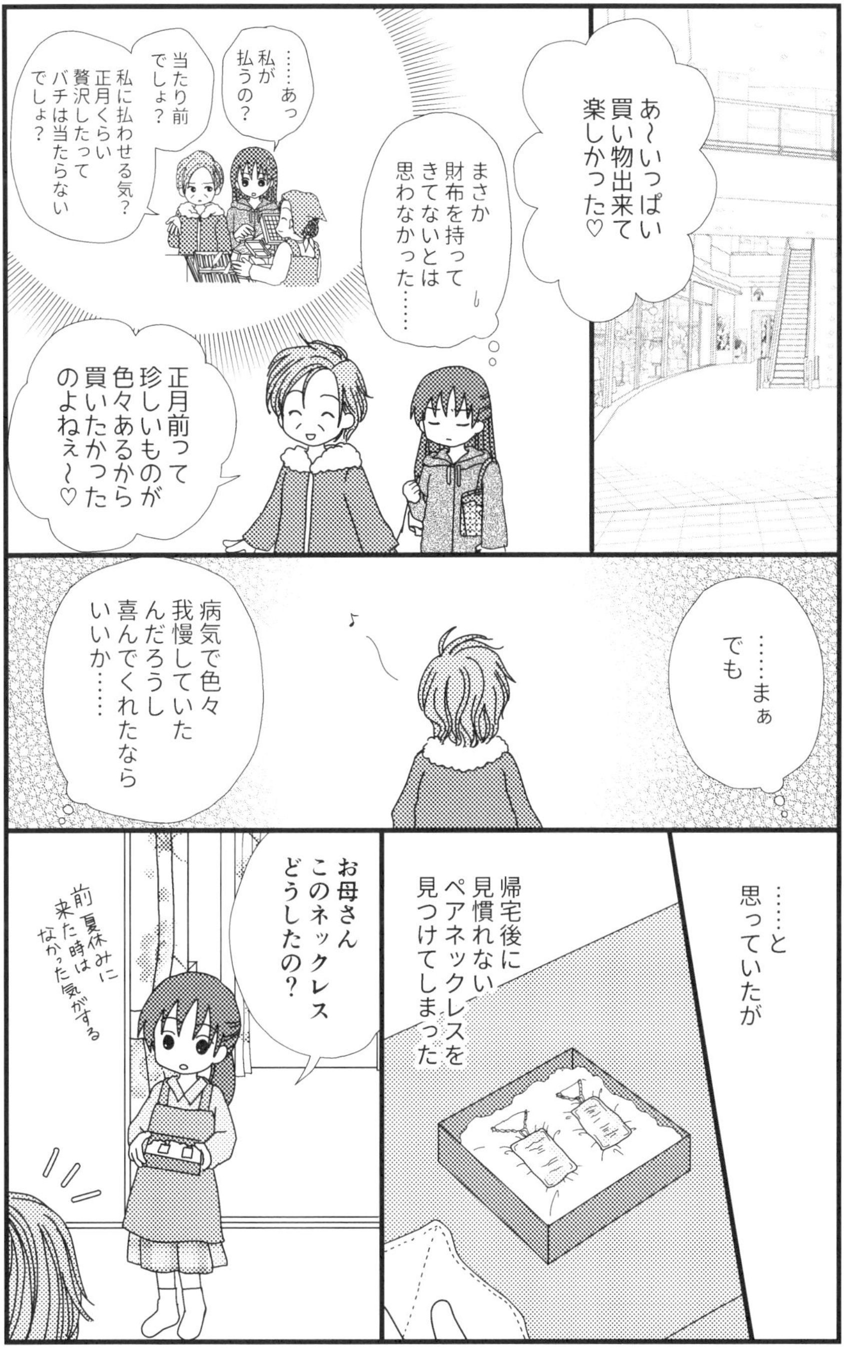
あ〜いっぱい買い物出来て楽しかった♡
まさか財布を持ってきてないとは思わなかった……
……あっ私が払うの？
当たり前でしょ？私に払わせる気？正月くらい贅沢したってバチは当たらないでしょ？
正月前って珍しいものが色々あるから買いたかったのよねぇ〜♡
……まぁでも
病気で色々我慢していたんだろうし喜んでくれたならいいか……
……と思っていたが
帰宅後に見慣れないペアネックレスを見つけてしまった
お母さんこのネックレスどうしたの？
前夏休みに来た時はなかった気がする

あぁそれ？恰好いいでしょ
さらっと
この前テレビ通販で一目惚れして買ったの
そうそう！これいい！ってすぐ電話してたもんなぁ
だってペアで一万五千円は安いじゃない！これはすぐ買わなきゃ！って思っちゃって～
ケラケラ
今まで何度もお金がないって言うから送金してたのに
そのお金でネックレスを買ったってこと？
一万五千円で安い……って
私がどれだけの食費を削ってその分を捻出したと思ってるんだろう
それに生活が苦しいと言いながら
二人とも煙草もお酒も全く控える気がないようにしか思えない
お金の使い道まで束縛する気はないけど
生活必需品じゃないものに平然と使うのはどうなの……⁉
釈然としないまま年末年始の休暇が終わり
自宅へと戻った

その後も
無心の電話が
途絶えることはなく
ちょっと
お金ないから
二万円くらい
送ってよ
通話中
実家
ごめん
今月はもう
無理だよ……
ええ～？
具合悪くて
病院行くお金が
ないから
頼んでるのに⁉
全ての要求に
応えられずに断ると
「もう死ぬ」と
言い出すのが
お決まりだった
分かった
もういい
もう
死んでやるから
え⁉
あっ切れた
……死ぬって
……えぇ⁉
それが
母の作戦だと
分かっているのに
二万円は
無理だけど
一万円なら
なんとか……
死ぬと言われると
突き放せず
何度も同じことを
繰り返し
何とか支えて
あげたいという
気持ちとは裏腹に
両親に対する
不信感は
溜まっていく
一方だった

就職四年目
年度末の繁忙期の
ある日
職場に母が
電話をかけてきた
お母様から
お電話で
なんだか
緊急だって……
はいっ
すみません
お電話
代わりました
緊急……⁉
お父さんか
お母さんに
何かあった⁉
何度携帯に
電話しても
繋がらないから
こっちに電話
したんだけど
遊びに行きたくて
夜まで
待てないから
すぐお金
送ってくれない？
……はい？
職場だから
冷静に……
イラッ
今手が離せないので
後ほどこちらから
お電話します！

仕事中だと
知ってて
すぐに送金が
できる訳もないのに
お母さん
大丈夫だった？
ご心配を
おかけしました
大丈夫です

どうして
私の親はこんなに
非常識なのだろう
たまには息抜き
したくなったから
電話したのに
何で切ったの？
パチンコ行きたいから
三万円くらい送ってよ

……
遊ぶお金の為に
わざわざ職場に
電話してきたの？
何よ
その言い方！
私だってストレス
溜まるんだから
息抜きするくらい
いいでしょ!?
はぁ～
もういいわ
死んだ方が
マシだわぁ～
どうして
私の親は
こんなにも
自分たちの事しか
考えられないのだろう
もう……
いい加減にして！
溜まりに
溜まった
感情が溢れて
爆発した
病み上がりで
大変だろうから
力になりたいけど
私も
生活するには
お金がいるんだよ
それを
遊びたいからって
理由で私から
取ろうとしないで！

それとそんなどうでもいいことで職場に電話してこないで！
ブツン
じゃあね！
は……初めてキツく言い返した……
心臓がバクバクする…！
ドッ
ドッ
ドッ
ドッ
少し言い過ぎたかもしれないけどいいよね……
その日は何事もなく終わったが
数日後から母は日に何度も職場に電話をかけてくるようになった
お母様から電話が……
お金なくてさ～
今仕事中だから！
終わったら電話するから
数十分後
また お母様から電話が…… ……本当に大丈夫？
!?
12:30頃 お母さまより TELありました 不在だったので その旨 お伝えしておきました m.
離席していても数十分おきにかかってくる
ただでさえ忙しい職場で仕事の電話も多いのに
これじゃ完全に業務妨害になってるよ
このままじゃ絶対よくない
職場の迷惑になってるしもう電話してこないようにもっとしっかり言わないと……
はぁ

帰宅後実家に電話をしたが――
職場に電話するなって？そんなのそっちの都合でしょ？
緊急だから仕方ないじゃない！
全く話が通じず
その後も母の職場への電話は続いた為
上司に全て事情を話したところ
上司は親身に話を聞いてくれた
なるほど
お母さんがご病気で金銭的に大変な事は察するけれど
自分が病気をした時や老後の備えをしていなかったのはご両親自身の責任だよ
貴方が親御さんの為に自分の人生を犠牲にすることはない
電話はなるべく他の者に取らせるようにして
しばらくの間貴方に取りつがないようにしよう
ありがとうございます……！
配慮までしてもらい感謝しかなかった

自分の人生を
犠牲にしなくて
いいって言って
もらえるなんて……
嬉しいな
ずっとこの職場で
働いていきたいし
もっと頑張りたい
けれど
そんな思いとは
裏腹に
体調は悪化する
一方だった
上司や先輩に
何度も母の
対応をさせている
申し訳なさ
電話が鳴る度に
激しい吐き気と
動悸がする
不甲斐なさ
更には吃音も
酷くなり
仕事の会話すら
満足にできなく
なった
事情を知った
地元の友人や
当時交際していた彼が
話を聞いてくれたり
ネットや手紙で
心温まる
メッセージをくれたり
体調を気遣って
色々な物を
送ってくれたりして
Relax Arrangement
healing Music
本当に
みんなの気持ちが
嬉しかった
なのに

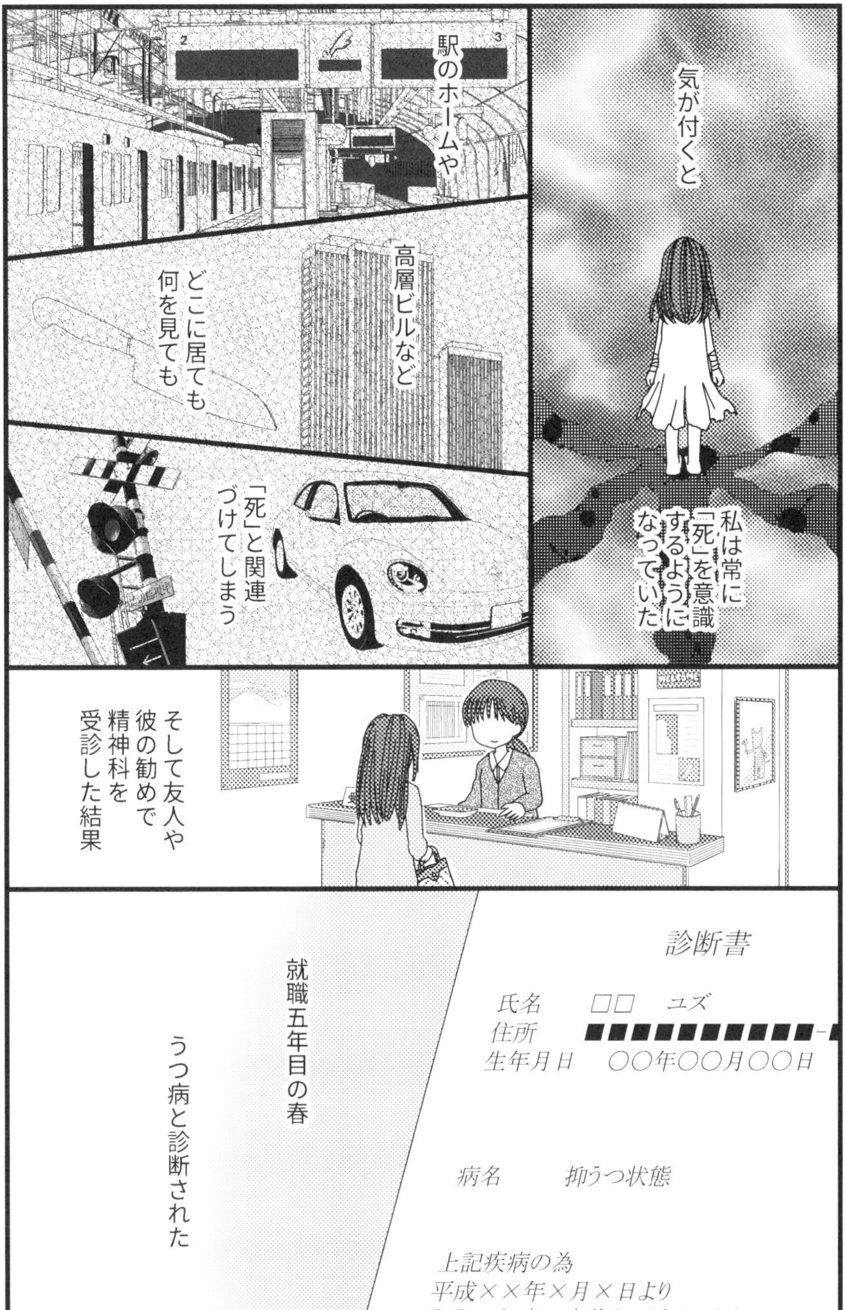
気が付くと
駅のホームや
高層ビルなど
どこに居ても
何を見ても
「死」と関連
づけてしまう
私は常に
「死」を意識
するように
なっていた
そして友人や
彼の勧めで
精神科を
受診した結果
診断書
氏名　□□　ユズ
住所　[redacted]
生年月日　○○年○○月○○日
病名　抑うつ状態
上記疾病の為
平成××年×月×日より
○○日程度の療養を要することを
就職五年目の春
うつ病と診断された

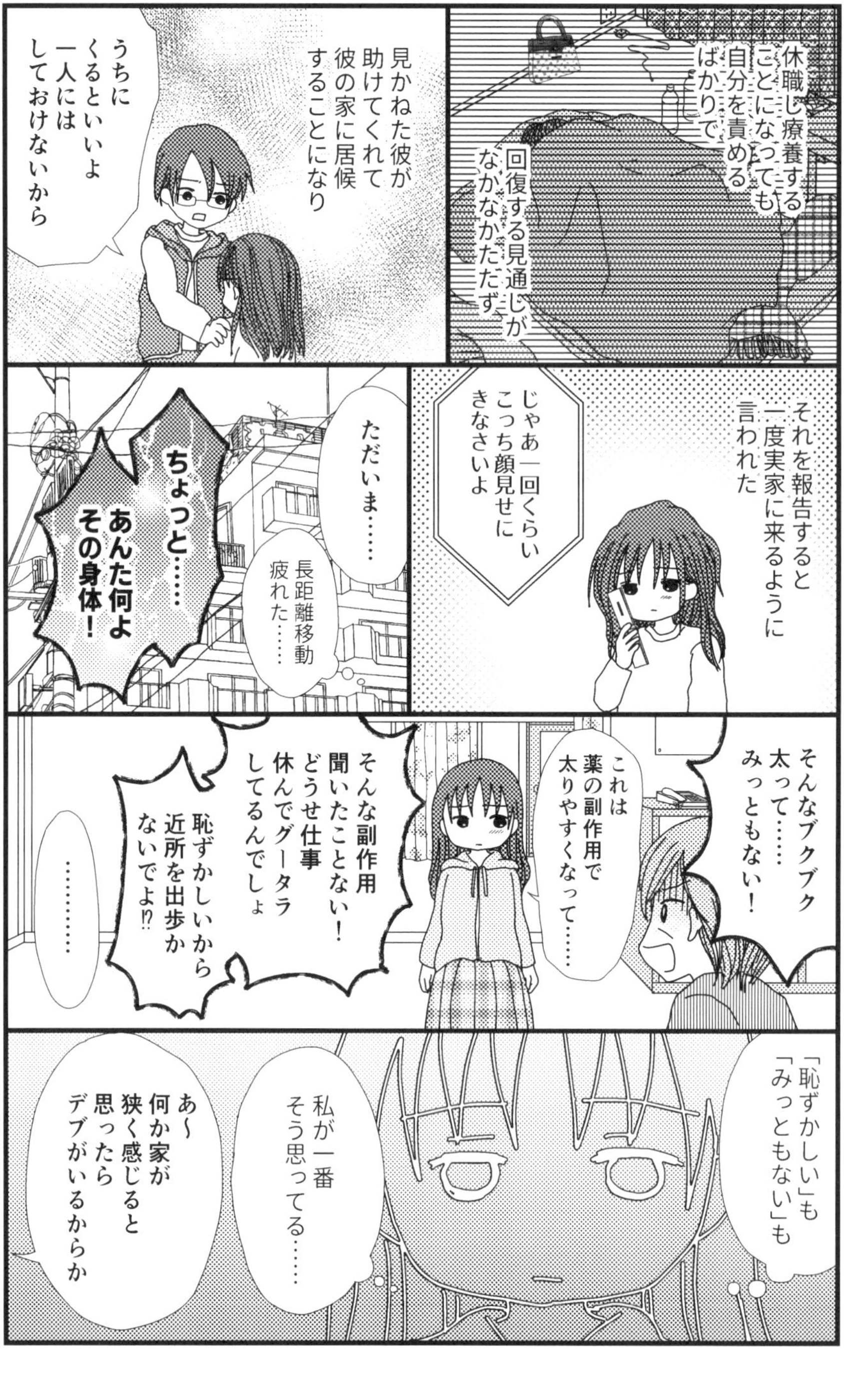
休職し療養することになっても自分を責めるばかりで
回復する見通しがなかなかたたず
見かねた彼が助けてくれて彼の家に居候することになり
うちにくるといいよ一人にはしておけないから
それを報告すると一度実家に来るように言われた
じゃあ一回くらいこっち顔見せにきなさいよ
ただいま……
長距離移動疲れた……
ちょっと……あんた何よその身体！
そんなブクブク太って……みっともない！
これは薬の副作用で太りやすくなって……
そんな副作用聞いたことない！どうせ仕事休んでグータラしてるんでしょ
恥ずかしいから近所を出歩かないでよ⁉
…………
「恥ずかしい」も「みっともない」も
私が一番そう思ってる……
あ～何か家が狭く感じると思ったらデブがいるからか

相変わらず
その太い脚は
邪魔だな～
ああ
やっぱり
この家に
いたらダメだ
早く帰ろう
両親の予想以上の無理解に
更に体調は悪化
その後彼の家で
療養を続けていた
数か月の間も
生活が苦しいから
お金送ってよ
明日の食事も
ないくらい
お金がない
病院に
行きたい
無心の電話は
止むことが
なかった
休職してるって
知ってるのに
どうしてお金を
せびることが
できるんだろう
……
何だかもう
どうでもいいや
消えたい……
生きる気力が
尽きて

次第に身体が
食事を
受け付けなくなり
体重が一か月で
10kg以上落ち
摂食障害と診断され
希死念慮も
強かったことから
閉鎖病棟に入院
することになった
最初の頃は
点滴も流動食にも
強い抵抗感があり
一進一退という
状態だったが
しばらく経って
精神科の医師の
診察を受けた時に
大きく変化した
年（0歳）　生まれる
1歳まで父方実家に住み
1歳～小学校入学までは
父が勤務する会社の社宅に居
小さい頃から「男の子がよかっ
言われていて、冬に肌
締め出されたり激し
していた。
私が
ユズさんに
書いてもらった
このメモを見て
分かったのは
ユズさんは
虐待を受けていた
……ということです

えっ
虐待……？
でも日常的に暴力を振るわれたり
食事を与えられなかったり……とかはなかったです
たまにあるくらいで
勿論そういった身体的虐待は少なかったのかもしれませんが
「心理的な暴力」も虐待になるんですよ
自尊心を傷つける言葉を繰り返したり
私は子どもなんていらなかったのよ！
無視
無視や脅迫のような態度をとったり
その他にネグレクトにも該当しそうなこともあります
ユズさんはそれを「自分が悪い」と思ってきたかもしれませんが
何も悪くないんです
虐待を受けて「辛い・悲しい」と感じるのは当然だし
それは決してユズさんのせいではありません

私は
悪くない……
ポロ
ポロ
ポロ
「親子関係がうまくいかないのは全て自分のせい」
その考えが覆されて
身体中に溜まった重苦しいものが流れていくような気がした
そして
その流れて出来た隙間に
少しずつ
「食事」という栄養が入っていく
食べることって身体への栄養ってだけじゃなくて
生きることに繋がるありがたいことなんだな……
いただきます
「自分は悪くなかった」
そう思えたことの影響は大きく
少しずつ快方に向かい退院することができた

入院中は携帯電話の持ち込みが出来なかった為
01 ●/■ 12:53 実家
02 ●/● 23:07 実家
03 ●/● 22:25 実家
04 ●/● 6:31 実家
05 ●/◆ 21:01 実家
06 ●/◆ 20:46 実家
07 ●/◆ 13:19 実家
退院後に見ると着信履歴が実家からで埋まっていた
退院した連絡しなきゃ……
あんた何で今まで電話にも出ないで無視してたの!?
入院中は携帯が持ち込めないから連絡できなかったの
はぁ?で、何?入院費とかの話ならアテにしないでよ?
あんたと連絡取れないせいでこっちは生活苦しかったんだから
別に金銭的に助けてもらおうとかそんなつもりはないしただの退院報告だよ
自分が病気で苦しいときは私を頼ってきたのに
私には頼るなと言うんだな…
その後交際していた彼と別れ
友人宅にお世話になりながら通院を続けたが
うちにおいでよ!ちょうど来月家を空けるから居ていいよ～
えっいいの!?ありがとう
数か月経ってもうつの症状はなかなか良くならず先の見えない状態だった

そんな時
手を差し伸べて
くれたのが
共通の趣味で
元々知り合いだった
ユウさんで
病院
通院が必要
仕事
休職中
私の事情を
理解した上で
一緒に暮らそうと
言ってくれた
友人もまるで
自分のことの
ように喜んでくれて
寂しいけど
よかった
ね～！
また
いつでも
おいで～！
私は本当に周りに
助けられて
生きていると
実感した
その後復職は
難しいと
判断し退職
この頃は
不眠や幻聴の
症状が酷く
簡単な家事さえ
出来ないことが
多かった
ただいま～
おかえり
なさい
今日何も
できなかった
ごめんなさい
気を紛らわせる為に
音楽を聴いている

あのね「やりたいこと」と「やれること」は違うんだよ
ユズちゃんに今一番必要なのは休養なの！だから気にしない！
ユウさんは「出来なくてもいい」と何度も言ってくれた
ありがとう……
私自身も「出来ない自分」を認めることで
拙いながらも不思議と出来る事が増えていき
少し手の込んだ料理が作れるようになった
一人で買い物も行けるようになった
安心できる場所でゆっくり癒されていく感覚だった
けれど
やはり
RRR…
全てが順調というわけにはいかない
もしもし
ちょっとあんたにお願いがあって電話したんだけど
どうしたの？お金なら今は働いてないから無理ってこの前も言ったよね

実はね
この前倒れて
今入院中
なんだけど
お金がなくて
困ってるの
脳梗塞みたい
脳梗塞……
電話を切った後
帰宅したユウさんに
相談すると
大変じゃん!
僕のことは
気にしなくて
いいから
落ち着くまで
帰ってあげて!
すぐ実家へ戻るように
言ってくれた
そして翌朝
実家に到着
ただいま
久しぶりに
帰った実家は
荒れ放題で
ぐおおお
ごおおお
相変わらず
頼りない……
父は一日中
飲酒していた
ようだった
母は実家の
近くにある
総合病院に
入院していた

あら あんた来たの? 別に来なくて良かったのに
心配するに決まってるじゃない 大丈夫なの?
急にめまいがして立てなくなっちゃって……
お父さんは笑うだけで何もしてくれないし病院が近くて本当に助かったわ
お父さんの無関心さは変わらないな……
毎度のことながらこういった状況になると「母の味方は自分だけ」「母を支えてあげなきゃ」と考えてしまう
本当こういう時にあんたが女の子でよかったって思うわ〜
母の体調は予想よりもかなり良く
ペラ
〜でね
〜なのよ!!
ペラ
ペラ
数日後入院費15万円程を全額支払って退院した
しかし退院後母は色々な場所で知人に会うたびに「脳梗塞の一歩手前で入院して大変だった」と言いまわっていた
脳梗塞になりかけで入院してたのよ〜
えぇっ 一大事じゃない!
お母さんお医者さんに脳梗塞って言われたんじゃなかったの?
?
高血圧って言われたけど?
あと後で血圧計買ってよ

!?
高血圧だって脳梗塞の原因にはなりうるし決して安心できるものじゃないけど……けど……!
それって脳梗塞じゃないよね!?
あ、そうだ
ショッピングモールに行きたいんだけど車がないと無理なんだよねぇ
ミカに送迎してもらいましょ!
電話しよ〜っと
え、ミカ姉ちゃんって家で仕事してるよね突然は迷惑でしょ やめなよ!
※ミカ：母方の親戚
もしもし? あんた今暇でしょ? 行きたい所あるから車だしてよ
は?忙しい? 私が退院したてで困ってるのに?
じゃあもういいわよ!
言っても聞かないし
相手の都合とか迷惑とか想像できないのかな……
なんだか我儘な子どもみたい
小さい頃から母は私にとって「逆らえない大人」で恐怖の対象だったけれど
今私から見た母は
物事を大げさに言って注目を浴びて
思い通りにならないと駄々をこねる子どものように思えた

社会が広がり
視野が広がり
両親に対する感情も変移していったのか
不思議な気持ちだった
これ ユウさんから
栄養のあるものを食べて下さいって
私は明日帰るから先に渡しておくね
あら♡
お父さん！お金貰ったわぁ♡
おー じゃあ煙草買ってくるか
そうね！行ってきて！
人の話聞いてた!?
今言ったよね？きちんとした食事を摂ってもらう為に渡したんだよ!?
あぁ？貰った金をどう使おうが勝手だろうが！
どれだけ年齢を重ねても自分本位にしか物事を考えられない
他人を大切にできないのに他人からは大切にされたがる可哀想な人たちだ
怒り
呆れ
憐れ
悲しみ
色々な思いが交錯する
なのに「嫌い」になれないのは
私にとってはかけがえのない親だからだろうか
どんなに考えても答えは出なかった

第 5 章

［結婚～絶縁編］

ユウさんと一緒に暮らし始めて半年経った冬
Marriage
プロポーズを受けて結婚することになった
ユウさんの家族に報告
お母さん
弟くん
わぁ おめでとう！
六月に入籍してその後に挙式する〜
お父さんは仕事で後程合流
お兄さんは都合が悪く欠席
何だろう この反応の差は……
まぁ理不尽に反対されなかっただけいいか
電話で母に報告
えぇ〜……お金ないからお祝いとかできないんだけど
おめでとうとか驚くとかじゃなくてお金の心配しかしてない
しかも超面倒くさそう
挙式まで約半年間の打合せで演出なども決めた
私の両親は結婚式を挙げてなくて結婚指輪もないので
結婚式っぽいことを体験してもらえたらと考えています
素敵です！ご両親の良い思い出になるような式にしたいですね！

そこで考えたのが
両親に指輪交換を
してもらうこと
「私が就職したら
お母さんが好きな
指輪を贈るよ」
母が借金問題で
貴金属を手放した時の
約束を果たしたかった
決して高価では
ないけれど
母の好きな宝石が
使われた指輪を
準備して
迎えた
挙式披露宴当日
地元の友人や
仕事の同期の
人たちも
来てくれて
とても幸せな
時間だった
サプライズで
指輪交換を終えた後
母が泣いている
姿を見て
それだけで
胸がいっぱいに
なった
最後に
ここまで育ててくれた
感謝の気持ちを込めて
出生体重と同じ重さの
ウエイトベアを贈った
Yuzu

今まで色々なことがあったけれど
これをきっかけに今後は大人同士として良い関係になれたらいいな……と思っていたが
何も変わらず無心の電話が続く日々で
お金ないから送ってよ
そんなに頻繁に送金できないよ
お金ないから正月の準備が何も出来ないの〜
特別な準備なんていつもしてないでしょ？
その度に断っていると
職場の人に借りたお金を返せないから急いで送ってくれない？
何やってんの!? 職場の人に借りるなんて非常識すぎるでしょ!!
信じられない！
次第にお金が必要な理由が変わっていった
実家
「ガンの定期検査を受けるお金がない」
「知り合いに孫が産まれたがお祝いできない」
今思えばそれらも送金してもらう為の口実だったのかもしれない

またお金無いの……？
私も詳しくはないけど
それほど生活が苦しいなら行政の窓口とかに相談してみたら？
行ったけど門前払いだったの！
それに私にもプライドがあるから行政のお世話にはなりたくないの！
意味が分からない
何のプライド…？
そうして無心を断り続けてしばらく経ったある日
はいもしもし
お金なくてさぁあんたから貰った指輪を質に入れたんだけど
大切な指輪だからそれが流れないようにすぐにお金送ってくれない？
十万円
指輪の金額を購入した私が知らない訳がなく
十万円という倍以上の金額を借入できるはずはない
母はとうとう明らかな嘘をついてお金を要求するようになっていった

ただいま〜
……って
どうしたの？
何事⁉
あ
おかえり
なさい……
お母さんから
電話があって
指輪が……
帰宅したユウさんに
号泣しながら
電話の内容を話すと
わあああ…
いつもは温厚な
ユウさんが
珍しく怒り
実家に電話を
してくれた
大変なのは
お察ししますし
指輪も残念ですが
キッパリ
こちらにも
生活があるので
申し訳ありませんが
何も出来ません
では失礼します
また電話が
あったら
僕に代わってね
うん
ありがとう
親との間に
ユウさんが
入ってくれたことが
とても心強かった
電気が
止められそうで〜
もう食べる
ものも何も
無くて〜
しかしいつまでも
色々な理由を
つけてはお金を
要求する両親に

ユウさんが
とある提案をした
親御さんたちの
言い分を
仮に全部
信じるとしても
ただお金を
渡すだけじゃ
本人たちのために
ならないと思うんだ
現状だと
①お金に困る
②ユズちゃんに
助けを求める
③OKなら
「ラッキー」
NOなら
「また言えばいいや」
……のループで
持ってるお金を
節約するって
考えが無さそう
その通りだと
思う……
お恥ずかしい
まずは
「お金の使い方」を
覚えてもらわないと
いけないよね
だから
ちゃんと計画的に
使えば二人分の
食費にはなる位の
金額を週に一度
送金する
それを十週
繰り返す
1week
2week
3week
4week
5week
6week
7week
8week
9week
10week
送った分は
返済不要だけど
それ以外では
絶対に送金しない

合計すると結構な金額だよユウさんいいの?
うん
困った人たちだとは思うけどユズちゃんの親御さんだし何とかしたいんだよ
でも送る分以外で要求してきたり十週終わってても貰おうとしたりするなら
生活力をつけて欲しいっていう僕らの思いが無駄だってことだよね
それなら改善の余地はないと判断して
今後一切手助けしないという約束を最初にしておく
ごめんね厳しいこと言って
いやいや全然!
むしろそこまで考えてくれて恐縮だよ……
夫婦なんだから当然でしょ～
じゃあ僕から親御さんに電話して説明しておくね
分かったありがとう
こうして両親もその約束を了承し
「両親に生活力をつけてもらおう」作戦が始まった

毎週送金することで無心の電話がなくなり
今日で四週目か順調だなぁ♪
銀行
意外にも私自身の精神の安定に繋がった
五週目の月曜の朝高熱で起き上がれず催促の電話が来るというアクシデントもあったが
ちゃんと送金してよ！こっちは寒い中待ってるのに！
熱があって遅れたの…今から行く
早くしてよ！
9：02（ATM開店2分で催促の電話）
その後も六週〜十週と送金を続け
約束の十週間が終わった
そしてもう送金はしないはずの十一週目の朝
Rrrr…
お母さんからだ……
えっ　マジで？
母携帯
まさかね……
もしもしどうしたの？
どうしたの？じゃないでしょ!?

またお金入ってないんだけど!?あんた何やってるの？
ユズちゃん電話代わって
あ、うんユウさんに代わるから
何でよ！こっちは寒い中ずっと待たされて……
お電話代わりました
お義母さん送金すると決めた十週は先週で終わったはずですが？
は？そうだっけ？そんなのいちいち数えられないし……
なるほどご自分が何回受け取ったのかも把握されてないんですね
いやそういう訳じゃないけど……
でも今日催促の電話をするというのはそういうことでしょう？
何とかお力になれればと僕たちにとっても少なくない金額をお渡ししたつもりでしたが
残念ながらお約束を守って頂けなかったので
今後一切お金をお渡しすることはできません
ユウさんが与えてくれた機会を両親は自らの手で終わらせてしまった
自分の親ながら情けない……

私は別に それでも いいけど
じゃあ私が 貸したお金を 先に返して ちょうだい！
ユズさんに 貸したお金 ですか？
そうよ！
お母さんに お金借りて るの？
借りて ないよ……
それが本当なら 返済しないと いけませんが
ユズさんは 借りてないと 言ってますよ？
就職の時に 確かに貸したんだから それをまず返すのが 筋じゃないの？
？
ごめん 私が直接 話す……
ユズさんに 代わりますね
あんたねぇ 約束がどうこう 言うなら あんたがまず 筋を通しなさいよ！
だから 何の話？
あんた私に 借金が あるでしょ⁉
就職した時に おじさんから お金借りたでしょ⁉
あんたの代わりに 私が返したんだから その分キッチリ 私に払いなさい
120万円
⁉
ちょっと待って 確かに伯父さんに 工面して もらったけど
元は私のバイト代を お母さんに 貸してた分だし お母さんが伯父さんに 返済するって話 だったでしょう？
でも あんたが使った お金なんだから
あんたがきちんと 返しなさいよ！

さっきから
何を言ってるの!?
借りたお金を
誰が返すのかの
問題の前に
どうして過去の
事実を
捻じ曲げるの?
金額も
120万円じゃ
ないでしょう!?
とにかく
このままじゃ
納得できないから
しっかり確認して
改めて連絡するよ
あ〜はいはい
どうでもいいけど
早くしてね
ブツッ
大丈夫?
うん
当時の事を
確認したいから
元彼とかに
連絡してみて
いいかな……
予想外の展開…
いいよ〜
気にしないで
その後
共通の友人経由で
元彼と連絡が取れ
自分の認識で
合っていたことが
確認できたが
突然ごめんね
就職の時に私の親戚に
工面してもらった
金額って覚えてる？
50〜60万円位
じゃなかったっけ？
また親に何か
言われたのか？
大丈夫か？
大丈夫だよ
自分の記憶と合ってて
安心しました
そういや結婚したって
聞いた！おめでとう！
ありがとう
ツヨシくんも
身体に気を付けてね
SNSって
ありがたい
……

伯父とは連絡がつかず
電話繋がらないな
留守電じゃないからメッセージも残せないし
敢えて取らないのなら何度もかけたら迷惑になるし…
プルルルル
プルルルル
その事も含めて後日改めて母に連絡をした
クスクス
おじさんが電話に出ないのは当然でしょ〜?
あんたの味方じゃないんだから
だって言ってたもの「ユズ《あんた》には関係のないことだから話す必要ない」って
残念だったね〜話もしてもらえなくて!
分かったら早くお金返しなさい!
母との貸し借りの話だから私には関係ないと言ってくれた伯父を母は自分の味方だと捉え
「借りる」ではなく「返してもらう」という大義名分を掲げて
金額を倍にして嘘をついてまで娘からお金を取ろうとしている

両親に変わって欲しかった
でも何も変わらなかった
じゃあ親御さんは倍の金額を言って余剰分を自分たちが貰おうって魂胆な感じなんだね
多分そうだと思う……
何というか……どうやって私からお金を取ろうかって事しか頭にないみたいで
すごく怖い
……ねぇ ユズちゃん もう色々と限界がきていると思うよ
だから選んで
親御さんを選んで僕と離婚するか 僕を選んで親御さんと縁を切るか
ユウさんと離婚か 親と縁を切るか……?

嫌だ！
絶対離婚しない！
私はユウさんを選ぶ!!
……うん
分かった
……って
あ〜〜〜！
良かった！
僕もユズちゃんと
離婚したくないから
選ばれなかったら
どうしようかと
思ったー！
もう〜
緊張して手汗がすげ〜
僕は
子どもにわざと
苦労させたり
しかもそれを
喜んだりするって
もはや親とは
言えないと思うんだよね
そんな人たちの為に
傷つくユズちゃんを
もう見たくないし
ユズちゃんの
今の家族は僕なんだから
これからは僕と一緒に
楽しく過ごすことを
考えようよ
試すような
ことを言って
ごめんね
でも
こうまで
言わないと
ユズちゃんは
親御さんを
断ち切れないと
思ったから
ううん大丈夫
分かってるよ
ありがとう

よし！じゃあ早速携帯の番号を変えに行こう！
えっ今から⁉
思い立ったが吉日だよ〜！
そのまま携帯ショップに行き番号を変更
承りました 少々お待ち下さい
あと僕名義で家族割を契約しているこの番号を解約して下さい
母の携帯
どーん
母の携帯は少し前に必要だからとせがまれユウさん名義で購入し送ったものだった（月々の支払いは母）
支払いが滞ったりこっちに迷惑がかかったりしたら勝手に解約するって約束だったしね！
本当に必要なら今度は自分名義で契約すればいいと思うんだよ！
怒ってらっしゃる…
ユズちゃんに繋がらなかったら僕の実家に電話かけてくると思うから両親にも話しておくね

そうなるよね ごめん……

いいのいいの
とりあえず今は直接の連絡手段を断ったほうがいいから

翌日ユウさんの実家に母が電話をかけてきたとの連絡を受け
非通知で自宅からを電話した
※自宅の番号は知らせていない

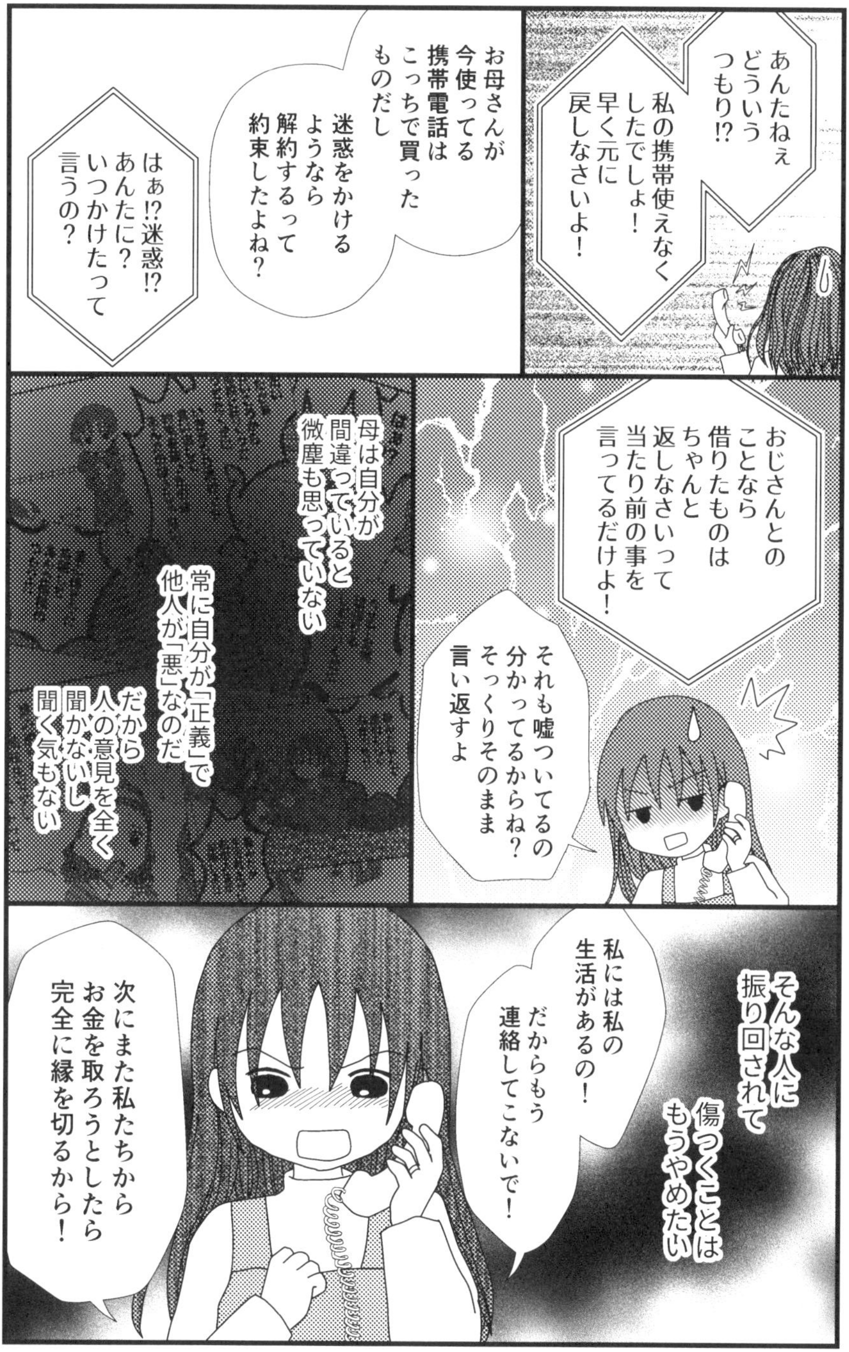

あんたねぇどういうつもり!?
私の携帯使えなくしたでしょ!早く元に戻しなさいよ!
お母さんが今使ってる携帯電話はこっちで買ったものだし
迷惑をかけるようなら解約するって約束したよね?
はぁ!?迷惑!?あんたに?いつかけたって言うの?
おじさんとのことなら借りたものはちゃんと返しなさいって当たり前の事を言ってるだけよ!
それも嘘ついてるの分かってるからね?そっくりそのまま言い返すよ
母は自分が間違っていると微塵も思っていない
常に自分が「正義」で他人が「悪」なのだ
だから人の意見を全く聞かないし聞く気もない
そんな人に振り回されて
傷つくことはもうやめたい
私には私の生活があるの!
だからもう連絡してこないで!
次にまた私たちからお金を取ろうとしたら完全に縁を切るから!

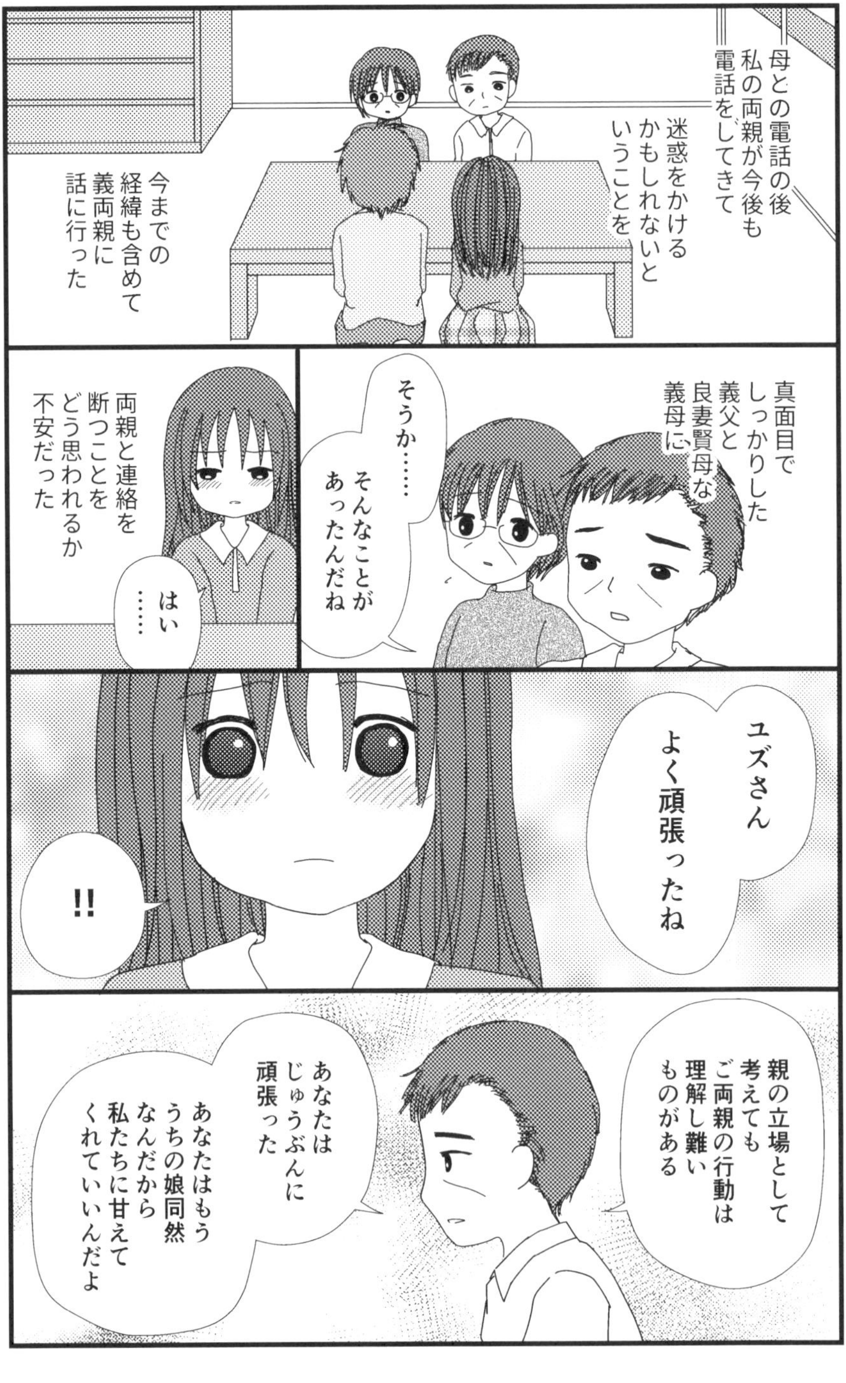

母との電話の後
私の両親が今後も
電話をしてきて
迷惑をかける
かもしれないと
いうことを
今までの
経緯も含めて
義両親に
話に行った
真面目で
しっかりした
義父と
良妻賢母な
義母に
そうか……
そんなことが
あったんだね
両親と連絡を
断つことを
どう思われるか
不安だった
はい
……
ユズさん
よく頑張ったね
!!
親の立場として
考えても
ご両親の行動は
理解し難い
ものがある
あなたは
じゅうぶんに
頑張った
あなたはもう
うちの娘同然
なんだから
私たちに甘えて
くれていいんだよ

うちは子ども男ばっかりだしね！
そうそう！娘が出来たみたいで嬉しいのよ〜
だからまた電話があっても僕らの連絡先は教えないで欲しいんだ
おう分かった何でも協力するから言ってくれ
義両親は気持ちを受け入れてくれて
甘えていいと言ってくれた
おまえがしっかり守るんだぞー
かけてくれた言葉には
優しさがたくさん詰まっていた
分かってる〜
私は
私を大切に思ってくれる人たちと自分を大切にしていこう
友だちとか中学校の先生とか職場の人たちとか
周りの人はいつも優しくしてくれる
私は果報者だ

そして両親との連絡を絶ってすぐに
！
奇跡が起こった
血の繋がった家族から離れた私に
神様が与えてくれたのでは？……なんてことを考えた
親からの電話もなく平穏に過ごし
約一年が経った頃
待望の第一子が誕生
自分が親の立場になって思った
「子どもには幸せになって欲しい」
人それぞれ考え方は違うだろうけれど
私の両親は私を愛していなかったのだと再認識した
ユズちゃん

さっき父さんから連絡があったんだけど
ここ最近ずっと親御さんから連絡先を教えろって実家に電話があるらしくて
緊急って言ってるし何かあったんじゃないかってうちの親が言ってたんだけどどうする?
多分緊急ではないと思う
でもユウさんのご両親にこれ以上迷惑かけられないし電話してみるよ
分かった
じゃあ実家から電話して子どもは別の部屋で見ててもらおう
ありがとう
孫がいるなんて知ったら
何を言い出すか分からないもんな……
お邪魔します
私は出かけてくるから気にせず電話使って~
ありがとうございます
あれ
電話線が抜かれてる
よっぽどしつこく電話がかかってきてたんだな……
申し訳なさすぎる……

子どもは義母の部屋で預かってもらい
その間にリビングから電話をかけることにした
ユウさんのウエイトベアはお義母さんの部屋にあるんですね
そうよ～たまに抱っこしてこんなに軽かった?って思うの
生まれた時はこんなに小さいのに
あっという間に大きくなるのよね
日当たりのいいところで気持ちよさそう
ほっこり…
じゃあすみませんお電話お借りしますよろしくお願いします
は～い一緒に遊んでるからこっちは任せて～
カチッ
まず
ユウさんが電話をすることにした
プルルルル…

はい
お世話になってます北瀬です実家に電話があったと聞いて……
おまえらと話すことは何もねぇよ!!
ブツン
連絡するように仕向けたのに一方的に切っただと!?
……切られた
本当に失礼な親でごめん……次は私がかけるよ
はい
お母さん? 連絡しろって言うから電話したのに
大丈夫?
私に対してならまだしもユウさんに失礼な態度を取るってどういうつもり?
私も今勝手に切るなってお父さんを怒ってたのよ〜
そうそれで? 緊急の用って何?
あ〜……ちょっと言いづらいんだけど……

ちょっと生活苦しくて死にそうなのお金送って欲しいんだけど～
……前の電話の時に言ったよね
「次にお金を取ろうとしたら縁を切る」
それに「死にそう」って何回目?
いやそれはそうだったかもしれないけど
今度は本当に死ぬほど苦しくて
もう何も聞かない
完全に終わりだよ
終わった
もう親とは思わない
二度と私に関わらないで

はぁ!? 産んで育ててやった恩を忘れて親に向かって何言ってるの!?
産まなきゃ良かったたって言ってたじゃない! 恩着せがましく言わないで!!
大体あんた結婚したら二世帯住宅を建てて一緒に住むって言ってたくせにこの嘘つき!!
私が嘘つきって言うならあなたたちは何回私に嘘ついた? 何回裏切ってきた?
はぁ～…… そういうこと言うんだぁ あんたは私たちのことどうでもいいのねぇ
そんなわけないでしょ!? どうでもよかったら心配して送金したり旅行をプレゼントなんてしたりしないよ!
ははっ あの旅行? 私ねぇ知ってるのよ?
どうせ友だちとお泊り会をしたいから追い出したかっただけでしょ? あんなのち～っとも嬉しくなかった
「やっと貯まった」
「これで旅行をプレゼントできる」
……そんな風にしか物事を考えられないの……?
……私は就職して生活費を稼ぐことの大変さが分かって
私が自立するまで苦労も多かっただろうから感謝してたんだよ
そうよ それが親なのよ! 感謝するのが当たり前じゃないの
それが「親」?

でもお母さんは お母さんの 夢でもあった
「有名な高校や 大学に進学して 公務員になる」を 私に望んでいたのに
金銭的な問題は どうしようも なかったとしても
本当にそう 思っているようには 見えなかった
学校も就職も いつも振り回して 邪魔ばかりして
次は結婚も ダメにしたいの？ 今までどれだけ ユウさんに 迷惑かけたが 分かってる？
お母さんは 私の生活を 壊したいの？
それが「親」の することなの？
それはそうに 決まってるでしょ
私は学校もまともに 行けなかったし あんたがデキたせいで 人生が狂ったような ものなのに
なんであんただけ 幸せな人生を 送ろうとしてるの？
そんなの ずるいじゃない

……ずるい?
親ぶるなら
親らしいことを
してから言ってよ
いい加減
自分たちは
おかしいんだって
自覚しなよ!!
……あんた
結婚して
変わったねぇ
私に歯向かう
ような子じゃ
なかったのに
でもあんた
私が貧乏で
良かったね
?
私がすぐ
そっちに行ける
お金があったら
包丁を
持って行って
刺してやりたい
くらいよ
……!
「子どもを愛していない
親などいない」
両親だけでなく
色々な人に
そう言われてきた
自分もそう
思っていたからこそ
親子なのだから
いつかは分かり
合えると信じていた

でも
ここに
子どもを
愛していない親が
いるじゃないか
小さい頃は
自分の人生を
子どもに投影して
支配しようとし
偏差値トップの
高校と大学を目指すよね
公務員に
なりたいよね
結婚したら
同居してね
成長して
進学・就職と
自分の未知の
領域に歩みだすと
なんで
あんたばっかり
幸せになろうと
してるの？
途端に
足を引っ張り
邪魔をする
ずっと
感じていた
命が脅かされて
いたわけでは
ないけれど
私の人生の
はずなのに
どんどん親に
侵蝕されて
いく感覚
それはまるで
徐々に身体を蝕む
毒のようだった

どんな思いを
言葉にしても
真実を全て
歪曲するこの人たちに
何を言っても
無駄なのだ
それに
気づいていたのに
いつかは
分かってくれる
変わってくれると
期待して努力して
ずっと離れられずに
拘《こだわ》っていたのは
私のほうだ
親は
絶対に変わらない
私が変わるしか
なかったのに

……っ
わ、わ、
私は……っ
ユズちゃん ごめんね ちょっと 代わるよ
もしもし お電話 代わりました
あんたたち 本当に縁を 切るつもり？
親を見捨てる 親不孝者に なっても いいわけ？
はい全く 問題ないです
実の娘に いくら送金させて どれだけ苦労を かけたかも 分かっていないの でしょう？
そんな方たちの 例え葬式だとしても 行かせるつもりは ありませんから
な……っ 他人のくせに 何を偉そうに！
あんたに そんな事言われる 筋合いないわよ！
失礼ですが 今こういう状況に なってしまって
他人である僕から これ程言われるのは ご自身が原因だと いうことを
少しは自覚されたら どうでしょう？

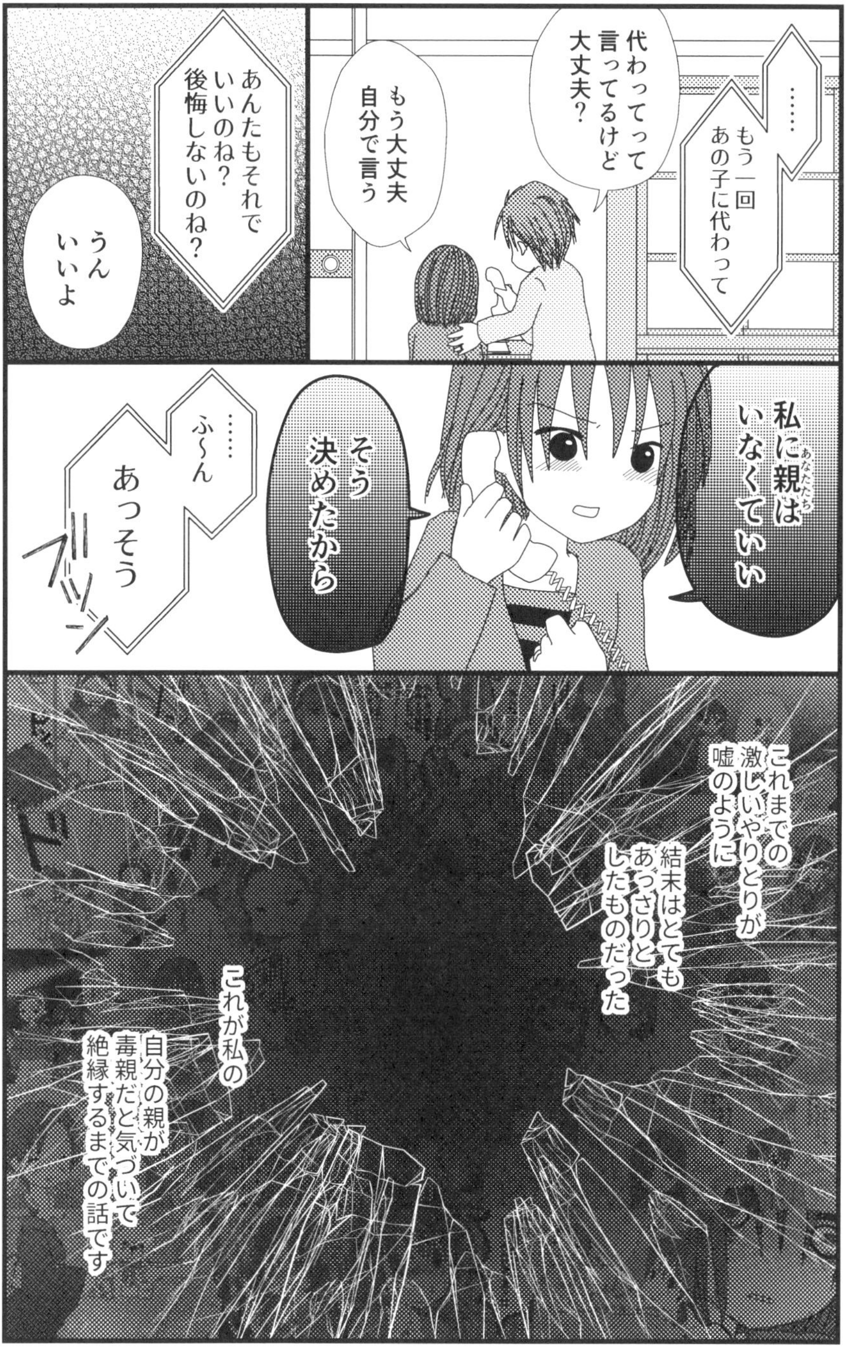
……もう一回 あの子に代わって
代わってって言ってるけど大丈夫？
もう大丈夫 自分で言う
あんたもそれでいいのね？ 後悔しないのね？
うん いいよ
私に親《あなたたち》はいなくていい
そう決めたから
……ふ～ん あっそう
これまでの激しいやりとりが嘘のように
結末はとてもあっさりとしたものだった
これが私の
自分の親が毒親だと気づいて絶縁するまでの話です

預けていた子どもを迎えに義母の部屋へ行き
実親にもう絶縁すると伝えたことを報告した
今まで本当にご迷惑をおかけしてしまって……
すみませんでした
全然！うちは大丈夫よ～それよりも……
ユズさん
我慢しないで吐き出したほうがいいよ
……ずっと
親が喜ぶ人間にならなきゃと思って生きてきて
自分では一生懸命に色々やってきたつもりだったんです
でも何も伝わっていなくて
何を言っても通じなくて……
うん つらかったね
今はたくさん泣いたほうがいいよ
そのうち少しずつ元気になれるから

世の中には
たくさんの
人たちがいて
その中には
どうしたって
分かり合えない
人がいるのは当然で
私の場合
不運にもそれが
両親だったと
いうだけのこと
そして幸運にも
今まで出会ってきた
優しい人たちに
私は何度も
救われてきた
これからは
そんな優しい人たちに
感謝しながら
自分の人生を
生きていきたい

絶縁宣言をしてから
少し経った頃
義父からメールが
届いた
受信メール
20XX/X/XX
From お義父さん
Subject 荷物
こんにちは。
先ほどユズさんの
実家から宅配便が
届きました。
雑貨のようなので
倉庫に置いておきます。
都合の良い時に
中を確認しに来て
下さい。　父より。
荷物……？
「お手数をおかけして
すみません
近日中に伺います」
と、送信
後日ユウさんと
義実家に向かい
実家から
送られてきていた
ダンボールの中身を
確認すると
中には
私に関連するものが
乱雑に詰め込まれていた
母子手帳
卒業アルバム
学校で
賞を取った時の
賞状や盾
結婚式の写真
ウエイトベア
母に買った
血圧計
そして質に
入れたはずの指輪

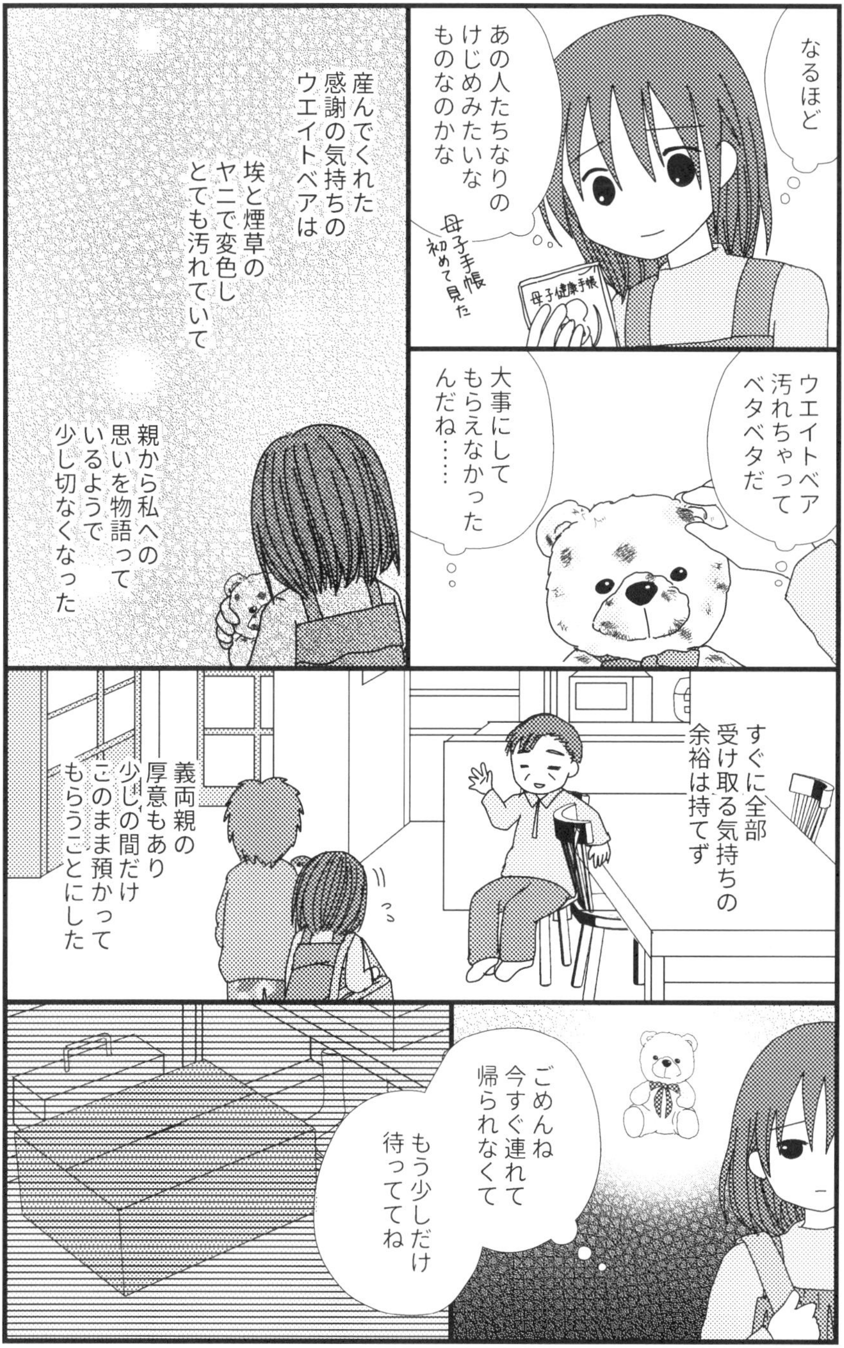
なるほど
あの人たちなりのけじめみたいなものなのかな
母子手帳初めて見た
母子健康手帳
産んでくれた感謝の気持ちのウエイトベアは
埃と煙草のヤニで変色しとても汚れていて
親から私への思いを物語っているようで少し切なくなった
ウエイトベア汚れちゃってベタベタだ
大事にしてもらえなかったんだね……
すぐに全部受け取る気持ちの余裕は持てず
義両親の厚意もあり少しの間だけこのまま預かってもらうことにした
ごめんね今すぐ連れて帰られなくて
もう少しだけ待っててね

キィ…
暗い部屋に ひとりで いるなんて
きっと 寂しいよね

これは少し後に知ったことだけれど
義母が汚れたままのウエイトベアを綺麗にして
義母の部屋にあるユウさんのウエイトベアの隣に置いてくれていた
YU
YUZU
私は
このことを知った時の感動を一生忘れない
親と縁を切ることが必ずしも正しいとは限らない
けれど私は自分の選択に後悔していない
そう思えるのは今までずっと支えてくれた人たちがいたから

今大切な
家族がいるから
最後の電話以来
両親と連絡を
絶ってから
十年以上の
月日が流れました
もう一人の
子宝にも恵まれ
ユウさん
長男・次男・二歳の猫(♂)が
私の大切な家族です

長男の妊娠中まで少し話は戻りますが
親子の愛情というものが分からない自分が
私が母親で大丈夫？
子どもに辛い思いをさせたらどうしよう……
きちんと子どもを愛せるのだろうかと不安に思った日もありました
しかし生まれてみれば我が子は無条件に可愛い存在で
そう思える自分に安心したと同時に
なんで不幸を願うことができるの？
どういう心理？
益々両親のことが理解できずに考え込んでいました
そんな考えをユウさんに話したところ——
自分の親の気持ちが分からない？
そうなんだよね考えれば考えるほど理解できなくて
えっむしろ理解できたらヤバくね？
分からなくてもいいことを悩むなんて時間が勿体ないよ～！
確かに!!
目からうろこ
さらっと解決

とはいえ
育児というものは
想像以上にハードで
特に長男は
重度の障がいがあり
意思疎通が難しく
ぐったり
何度心が
折れかけたか
わかりません
子どもも当然
一人の人間だから
親の思い通りに
動くはずはないと
分かっているのに
そんなに
怒っても
今日は
おでかけ
できないの！
何回言ったら
分かって
くれるの⁉
つい感情的に
怒鳴ってしまい
ハッ
これじゃ
ただ怒りの
感情を
ぶちまけた
だけだ
その度に
母の姿と自分が
重なって見えて
ごめん……
怒りすぎた
大きい声で
怖かったよね
怒鳴っても
状況は良く
ならないのに
我慢できない
なんて自分は
ダメな母親かも
激しく自己嫌悪
する日も多々

自分が思い描く「理想の親」とはほど遠く
子どもにとっていい親になる為にはどうしたらいいのかと悩む毎日です
理想図
いつもニコニコ
やさしいおかあさん
ただ自分が言われて傷ついた言葉は子どもに言いたくないし
感情的になってしまった時はきちんと冷静に謝れるようにしたい
ぎゃあああ〜！
あ〜〜〜!!
思い返せば母はどんなことがあっても謝ったことがなく
ノートにコーヒーこぼしたのお母さんでしょ⁉
はぁ？コーヒーの近くに置いておくほうが悪いでしょ
例え後日逆の立場になったとしても
雑誌にお茶こぼしたのあんたでしょ！
ごめんなさい足元に置いてあるのに気が付かなくて
何言い訳してるの⁉
「悪いのは常に自分以外」という母の言動に疑問を感じていました
それでも親に依存するしかない子どもにとっては
この前の時はお母さん謝ってないのに
どうしていつも私が悪いことになるの？
理不尽であろうと親の言葉を受け入れるしかありません

「あんたは子どもなんだから黙って親の言うことに従っていればいいの」
子どもの頃から繰り返し何度も母が言っていたことは
「あんたは子どもを産んでないから親の気持ちが分からないのよ」
「産んだら私の言ってることが正しかったって分かるに決まってる」
自分が親になって全て正しい訳ではなかったのだと気が付きました
子どもが生まれて親になり
いわばスタートラインは同じのはずで
人生経験に差はあれど
親が間違えることもあるし
自己嫌悪中
忘れてた!
親だから何でも正しいという訳ではないと実感しました

他にも親の立場になって
？
昔から感じていた親子が逆転しているような違和感の正体も分かりました
両親の話を聞いた限りでは
両親自身も親から十分な愛情を受けられなかったようで
そして
そのまま親になった後も成長できなかったのではないか、と思うのです
具合が悪いんだから看病くらいしなさいよ！
「親の保護下で甘えながら自由に生きたい」という
たまに遊ぶくらいいいでしょ？なんであんたに指図されないといけないのよ！
もらった金をどう使おうが勝手だろうが！
俺は働いているんだから酒くらい自由に飲ませろよ
叶わなかった思いを自分たちの子どもである私に求め
その欲求を満たすために自身が子どものまま止まってしまったかのようでした

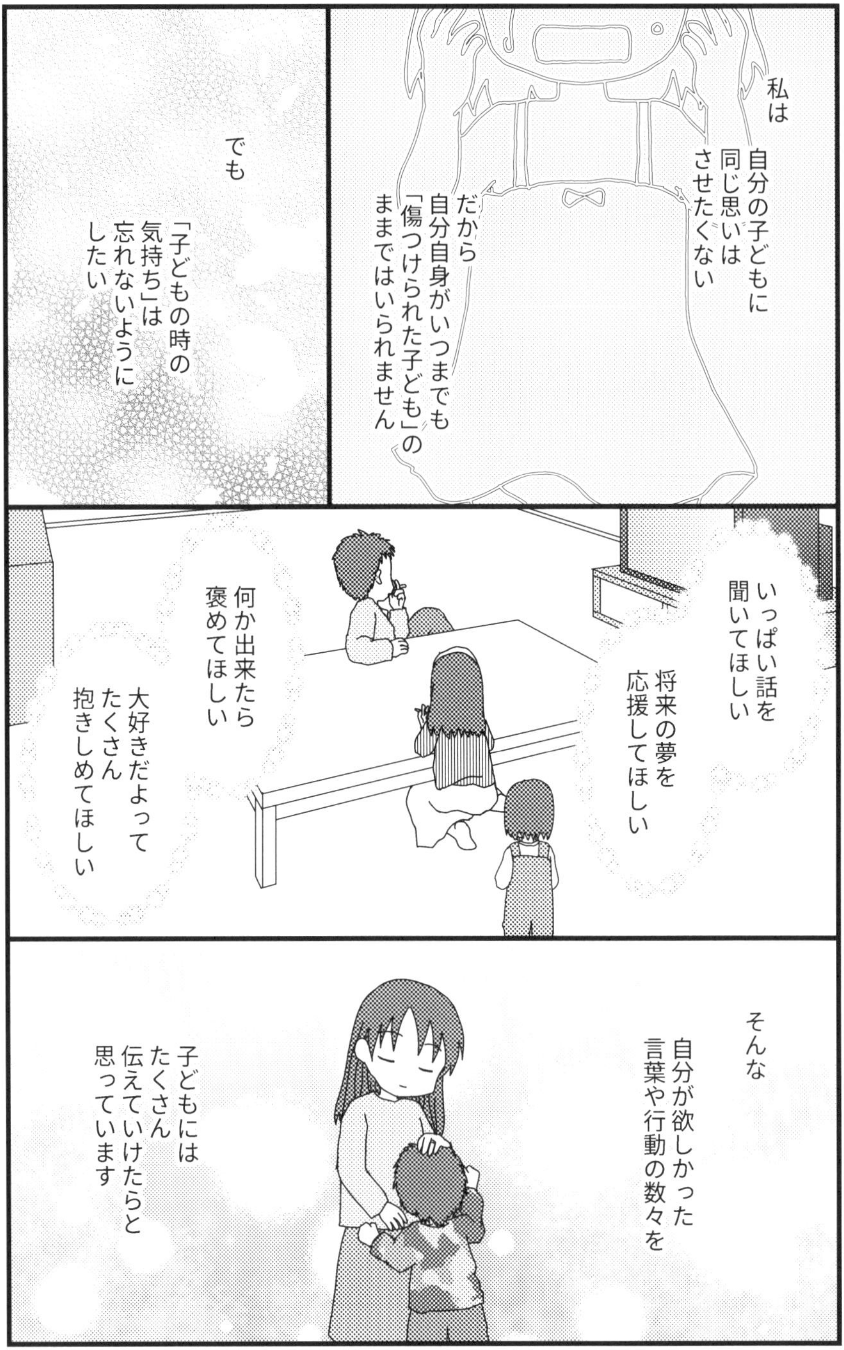

私は
自分の子どもに同じ思いはさせたくない
だから自分自身がいつまでも「傷つけられた子ども」のままではいられません
でも
「子どもの時の気持ち」は忘れないようにしたい
いっぱい話を聞いてほしい
将来の夢を応援してほしい
何か出来たら褒めてほしい
大好きだよってたくさん抱きしめてほしい
そんな
自分が欲しかった言葉や行動の数々を
子どもにはたくさん伝えていけたらと思っています

……とは言っても すぐイライラするし 家事は苦手だし
ふぅ…
自分にガッカリすることも多いけど 少しずつ変わっていけるように努力はしよう……
ゔ～あ～
親の事や過去は変えられないけれど
自分の事や未来ならば変えていけるはず
そう信じて
良き母親とまではいかなくとも
普通の母親にはなりたいなと思いながら過ごしています
ガシャーン
あ！物に八つ当たりするのはやめなさいって言ってるでしょ！
こらー！
「自分の人生は自分が選んで作り出していく」
それが親と絶縁してたどり着いた私なりの答えです
○○特別支援学校 小学部 卒業式

そして今は
ねぇねぇ おかあさん！
今日の夜ご飯は なぁに～？
今日はねぇ ハンバーグを 作るよ～
やったあ！ ぼくハンバーグ だいすきなの！
あっ
まちがえた！ おかあさん おみみ貸して！
んー？ 今度は何～？
あのね
ぼくね……
時々 立ち止まったり 後ろを向いたり しながらも
なんとなくだけど

おかあさんがいちばん大好きだよ
おかあさんも大好きだよぉぉ！
生きてて良かったなって
思っています
END

あとがき

最後までお読み頂きありがとうございます。

漫画を描き始めた当初、このように親を悪く表現するようなものは
受け入れられないだろうと思っていました。
実際、親と縁を切るまでの間、色々な人に話を聞いてもらったことがありますが、

「産んで育ててくれた親を悪く言うのはよくない」
「順風満帆な人生なのに、何が不満なの？　もっと大変な人だっているよ」
「親御さんは、しっかり者のあなたに甘えたいだけじゃない？」

などと言われた経験もあり、
これは一般的に表に出さないほうがよい感情なんだな、と
長い年月の間、心の奥底にしまい込んできました。

そんな折、夫からトレース台を誕生日にプレゼントしてもらい、
「なんとなく描いてみようかな」
ぐらいの軽い気持ちでインスタグラムに漫画を投稿し始めました。

途中、何度も描き起こすことが出来なくなり、
一時期は最後まで描く自信を失っていたこともあります。
しかし、ゆっくり更新にもかかわらず、
漫画を投稿する度、たくさんの応援や共感の声をフォロワーさんたちから頂きました。
理解を示してくださる方がこんなにもいるのだと驚いたと共に、
「生きていてくれてありがとう」
「描いてくれてありがとう」
というコメントを頂いた時には、
傷ついていた幼い自分が癒されていくような感覚にさえなりました。

漫画を描くことで一番救われたのは「私」でした。

心理的虐待は顕在化しづらく、
虐待を受けている本人もなかなか気づきにくいかもしれません。
「親との関わりが辛い」
「自分の人生を生きている感じがしない」
「自分が悪いに違いない」
そう思い込み続け、生きづらさを感じている方も多いのではないかと思います。

こう感じている方に、私の経験談がほんの少しでも
何かが変わるきっかけになれたら嬉しい。そう願ってやみません。

最後になりましたが、
この本を手に取ってくださった方。
SNSで優しく見守ってくださる方々。
最初にお声がけ頂いてから2年以上という長期間、
常に私の意思を尊重してくださったぴあ様、
素敵な本に仕上げてくださったデザイナー様。
すべての方に感謝致します。

そして、いつも私の味方でいてくれる夫へ。
私の人生での最大の幸運は、あなたに会えたことです。
本当にありがとう。

私はこれからも大好きなコーヒーを飲んで自分の機嫌を取りながら、
ゆる～く生きていこうと思います。

2020年11月

北瀬ユズ

毒親絶縁日記

2020年12月10日　初版発行

著　　　者　北瀬ユズ

発　行　人　木本敬巳
統括編集長　大木淳夫
編　　　集　山本久美
装 丁・DTP　セキケイコ（SELFISH GENE）
発行・発売　ぴあ株式会社
〒150-0011
東京都渋谷区東1-2-20
渋谷ファーストタワー
03-5774-5262（編集）
03-5774-5248（販売）

印刷・製本　中央精版印刷株式会社

ISBN978-4-8356-3992 -5

北瀬ユズ

インスタグラムで「自分の親が「毒親」だと気づいて絶縁するまでの話」を公開中。

Instagram：@yuzu.kts
ブログ：yuzulog.nbblog.jp/